Paris

1802

Leroy, Charles-Georges

Lettres philosophiques sur l'intélligence et la perfectibilité des animaux...

LETTRES

SUR LES ANIMAUX

ET SUR L'HOMME.

CH. G. LE ROY.

Né en 1723. Mort agé de 66 ans.

Auteur des Lettres sur les Animaux &c.

LETTRES PHILOSOPHIQUES

SUR

L'INTELLIGENCE ET LA PERFECTIBILITÉ

DES ANIMAUX,

AVEC QUELQUES LETTRES

SUR L'HOMME.

PAR CHARLES-GEORGES LEROY,

SOUS LE NOM DU PHISICIEN DE NUREMBERG.

NOUVELLE ÉDITION,

A LAQUELLE ON A JOINT DES LETTRES POSTHUMES SUR L'HOMME, DU MÊME AUTEUR.

A PARIS,

DE L'IMPRIMERIE DE VALADE,

RUE COQUILLIÈRE.

AN X. — (1802).

Se trouve chez MARCHAND, libraire, place de l'Ecole, n°. 1.

Et chez PETIT, libraire, Palais du Tribunat, galeries vitrées, vis-à-vis celles de bois.

AVIS DE L'ÉDITEUR.

PLUSIEURS écrivains célèbres ont traité, dans des opinions opposées, la question de la *perfectibilité des animaux*; mais aucun n'en a parlé avec autant de clarté et de simplicité que l'auteur de cet Ouvrage, *Charles-Georges Leroy*, qui succéda à son père dans les fonctions de lieutenant des chasses, et dans l'administration des bois, des parcs de Versailles et de Marly.

Une partie de ces lettres fut imprimée de son vivant; mais

telle était alors l'intolérance civile et religieuse, qu'il crut devoir les publier comme étant l'ouvrage d'un *physicien de Nuremberg*. On lui pardonnera sans doute d'avoir voulu, par une sage politique, se soustraire aux persécutions du fanatisme, qui venait de frapper nos plus célèbres écrivains, *Rousseau*, *Voltaire*, *Helvétius*, *Diderot*, *Buffon*. Que n'eût pas eu à craindre, en effet, des persécuteurs de ces grands hommes, celui qui osait prouver par les faits : *que les animaux ne sont pas de simples machines, qu'ils réunissent tous les caractères de l'intelligence; qu'une sorte de perfectibilité pro-*

portionnée à leurs organes et à leurs besoins, ne peut leur être contestée; que parmi les êtres sensibles, celui qui ne peut faire que vingt pas, n'a pas moins la faculté de marcher que celui auquel il est possible de faire vingt lieues, etc., etc.

Vainement l'auteur se serait-il couvert de l'égide de la foi, de la religion, de la révélation; la Sorbonne n'aurait vu dans cette restriction, qu'une ironie insultante pour elle, et un motif de plus pour persécuter le philosophe. Il préféra donc de rester inconnu, pour ne pas se trouver, comme Buffon, dans l'alternative de la persécution ou d'une rétraction. Il fut lié avec ce grand interprête de la nature, dont il estimait bien plus les talens que le caractère ; après avoir combattu ses opinions sur cette matière, il lui adressa un exemplaire de son premier ouvrage, et Buffon lui répondit par ces mots qui méritent d'être consacrés : *Il est bien différent de faire parler les animaux à Nuremberg, ou de les faire parler à Paris.*

Charles-Georges Leroy naquit en 1723. Il fit au collège d'Harcourt, ce qu'on appelait alors *de bonnes études*; mais ce fut après en être sorti, que, livré à lui-même, il cultiva son esprit et perfectionna sa raison. Indépendamment de l'étude de la philosophie, il acquit des connaissances relatives à l'économie politique et rurale, principalement à la nature des bois, à leur exploitation, et à leur amélioration. Il donna, dans le dictionnaire de l'Encyclopédie, les articles *Fermier*, *Forêt*, *Garenne*, dans lesquels on trouve réunies l'instruction, la précision et la clarté.

Une conformité d'opinions et de principes l'avait uni aux célèbres auteurs de cette grande entreprise, *Diderot* et *Dalembert*, et sur-tout avec *Helvétius*, qu'il défendit dans un ouvrage qui a pour titre : *Examen des Critiques du livre de l'Esprit*. Il défendit encore sa mémoire par des *Réflexions sur la Jalousie* ; lorsque *Voltaire*, qui, plus d'une fois, avait loué *Helvétius* de son vivant, le critiqua après sa mort dans *ses questions sur l'Encyclopédie.* S'il est vrai que l'ambition d'être le premier dans tous les genres ait dicté à *Voltaire* les critiques qu'il fit de quelques parties des écrits de *Montesquieu*, de *Buffon*, d'*Helvétius* et de *Rousseau*, il n'est pas moins vrai que ces *Réflexions sur la Jalousie* sont écrites avec trop d'amertume, pour être toujours justes, et qu'elles ne peuvent avoir été inspirées à l'auteur que par l'affection qu'il portait à la gloire offensée de son ami, et par les vifs regrets de l'avoir perdu. Tant qu'il vécut, il rendit des devoirs assidus à la digne et respectable épouse de ce philosophe.

C'est au genre de vie qu'avait adopté *Charles-Georges Leroy*, que nous devons ses piquantes observations sur les animaux; vivant journellement avec eux, il fut à portée d'étudier leurs mœurs et de nous les faire connaître. En se livrant ainsi à des travaux philosophiques et littéraires, il n'était point mu par le desir de la célébrité; aussi a-t-il laissé très-peu d'ouvrages; il fit dans sa jeunesse une pièce dramatique, qu'il eut ensuite, disait-il lui-même, le bon esprit de brûler; doué d'une ame extrêmement sensible, il brûla aussi plusieurs autres manuscrits, dans un moment de dégoût et de douleur, où la mort lui avait enlevé la personne qui concentrait ses principales affections.

Les portraits de Louis XV et de madame de Pompadour, qu'on publie en même-tems que cet ouvrage, mais séparément, lui furent demandés par *Rhullières*, qui voulait en faire usage dans son histoire de la révolution de Pologne; en lisant ces portraits détachés, on regrettera, sans doute, que l'auteur, qui vit de près les hommes qui gouvernaient alors, n'ait pas écrit l'histoire de son tems.

Bon citoyen, fidèle ami, donnant à-la-fois l'exemple de la douceur, de la bienfaisance, et de la fermeté envers ses subordonnés ; de la dignité, de l'élévation de caractère à l'égard de ses supérieurs, et de ceux qui prétendaient l'être par la naissance ; méprisant la fortune qui souvent lui sourit, ce sage philosophe vécut heureux, et termina sa paisible carrière à l'âge de 66 ans.

C'est à madame d'Angivilier, également distinguée par les qualités de l'ame et de l'esprit, et connue par l'accueil qu'elle aimait à faire aux hommes célèbres de tous les rangs et de toutes les nations, que l'auteur, son ami, adressait ces intéressantes lettres.

ROUX-FAZILLAC,
ex-législateur.

LETTRE

D'ENVOI

A MADAME ***.

Vous me demandez, Madame, depuis long-tems, les lettres du Physicien de Nuremberg sur les animaux et sur l'homme. J'ai eu beaucoup de peine à trouver ce petit ouvrage, qui est devenu rare; mais enfin j'ai l'honneur de vous l'envoyer. Vous prétendez que j'ai fait aussi des observations et des réflexions sur l'intelligence des bêtes, et vous exigez que je vous en fasse part. Il faut bien faire tout ce que vous voulez, au hasard, peut-être, de répéter une partie de ce qui a été dit. J'ajouterai donc quelques lettres à celles du Physicien, et vous ferez de cet ensemble l'usage qu'il vous plaira. Mais je vous prie de considérer qu'il a pris toute la fleur de ce sujet, qui ne comporte pas beaucoup plus d'étendue qu'il ne lui en a donné; et qu'il est difficile d'avoir là-dessus des idées saines qu'il n'ait, au moins, indiquées. Vous savez, Madame, que je soutiens qu'il n'appartient qu'aux chasseurs d'apprécier l'intelligence des bêtes. Pour les bien connaître, il faut avoir vécu en société avec elles; et la plupart des philosophes n'y entendent rien. Or, je parierais que ce Physicien de Nuremberg est, ou était, ainsi que moi, un chasseur déterminé, et que c'est dans les bois qu'il a fait son cours de philosophie. Je pense, comme lui, que, pour faire connaître les animaux, il ne faut pas tenir compte des faits isolés. Ce qu'il est important d'examiner, c'est leur conduite journalière ; c'est l'ensemble des actions modifiées par les circonstances, qui concourent au but qu'elles doivent se proposer, chacune suivant sa nature. Mais tout est dit lorsque cet examen est fait sur un petit nombre d'espèce, d'organisation, de mœurs et d'inclinations différentes. Je pense encore qu'il ne faut parler que des espèces qu'on a sous les yeux, et dont on peut suivre toutes les démarches ; qu'il est même nécessaire, entre celles-ci, de choisir celles qui, par leur organisation ou leurs mœurs, peuvent avoir avec nous quelque analogie. Les insectes, par exemple, sont trop loin de nous, pour que les détails de leur industrie n'échappent pas, en grande partie, à nos observations, et pour qu'on sache précisément quel degré d'intelligence ils mettent dans leurs ouvrages. La république des lapins, l'association des loups, les précautions, les ruses bien caractérisées des renards, la sagacité que montrent les chiens dans leurs rapports multipliés avec nous, sont plus instructives que tout ce qu'on vous dit de l'industrie des abeilles.

On pourrait, sans doute, accumuler les faits qui déposent en faveur de l'intelligence des animaux. Mais les faits particuliers sont souvent mal observés et suspects; rarement ils concluent d'une manière à laquelle il n'y ait rien à répondre. Mais lorsque vous aurez suivi un grand nombre d'individus, dans des espèces différentes, que vous aurez reconnu les progrès de l'éducation dont ils sont susceptibles, en raison de leur conformation, de leurs appétits naturels, des circonstances dans lesquelles ils se trouvent : lorsque vous les aurez vus, se trainant sur les pas de l'expérience, ne devoir qu'à des méprises répétées, et à l'instruction qui en résulte, la prétendue sûreté de leur instinct, il est impossible, ce me semble, de ne pas rejeter bien loin toute idée d'automatisme. C'est ce qu'a fait, Madame, en grande partie, le Physicien de Nuremberg. Il ne me reste donc qu'à vous exposer quelques développemens, et à répondre avec plus d'étendue à quelques objections. Je le ferai, à ce que j'espère, d'une manière qui ne laissera aucun doute. Mais il faut que vous me permettiez d'user de la liberté du commerce épistolaire. Sans m'assujétir à aucun ordre, je vous ferai part de mes idées, à mesure que j'en serai frappé. Je vous répéterai peut-être quelques-unes de celles du Physicien. Il me suffit de les avoir adoptées pour que je m'en serve comme de mon bien. La vérité appartient à tout le monde. D'ailleurs, je vous envoie son ouvrage dans son intégrité. Je ne me suis pas permis d'y changer la moindre chose, et je ne lui conteste pas son droit d'aînesse, permis à lui de se ressaisir, quand il voudra, de tout ce qu'il croira lui appartenir; nous n'aurons point de contestations là-dessus.

J'ai l'honneur d'être, etc.

CH.-G. LEROY.

LETTRES PHILOSOPHIQUES SUR L'INTELLIGENCE DES ANIMAUX.

LETTRE PREMIÈRE.

De Nuremberg, le ......

NOTRE ami M***. m'écrivit dernièrement de Paris, Monsieur, qu'il vous avait parlé de quelques essais sur l'histoire naturelle des animaux, auxquels je me suis amusé dans mes momens perdus. Il prétend même que, pour dégager sa parole, je suis dans l'obligation de vous en faire part. J'ai bien peur qu'il n'ait commis une imprudence : mes observations n'ont point été faites sur des animaux singuliers et peu connus; l'objet que je me suis toujours proposé, exigeait qu'elles se portassent sur les espèces les plus communes, et qu'on peut tous les jours avoir sous les yeux. Je ne peux point vous donner d'histoire aussi piquante que celle des Ours marins, que M. Steller a publiée. Point de faits extraordinaires; seulement la vie commune de plusieurs animaux, observée sous un point de vue qui peut avoir quelque nouveauté : c'est à quoi se borne tout ce que j'ai à vous offrir.

Les descriptions anatomiques, les caractères extérieurs qui distinguent les espèces, les inclinations naturelles qui les différencient, sont sans doute des objets très-importans de l'histoire des bêtes; mais quand tout cela est connu, il me semble qu'il y a encore beaucoup à faire pour le Philosophe. Tous ces êtres organisés, que le Créateur a rassemblés pour l'ornement de l'univers; ont un principe commun d'action, qu'il n'est pas possible de méconnaître : il est modifié dans chaque espèce, par les différences de l'organisation. Mais en examinant les effets avec attention, on le reconnait dans toutes ses modifications; et les animaux envisagés sous ce point de vue, me paraissent devenir beaucoup plus intéressans. L'instinct, proprement dit, consiste dans les inclinations qui appartiennent à l'espèce; mais toutes les espèces sont affectées d'une manière qui leur appartient à toutes. Si ces affections ne produisent pas toujours les mêmes phénomènes, il est aisé d'appercevoir que la différence n'en est due qu'à celle des moyens que l'organisation donne aux animaux. Nous ne saurons jamais, sans doute, de quelle nature est l'ame des bêtes, et il faut convenir que cela nous importe assez peu. Nous sommes très-assurés que la nôtre est immatérielle et immortelle : la certitude que nous en avons, est le fondement de nos plus chères espérances. Que l'ame des bêtes soit immatérielle ou non, il est toujours certain qu'elle ne peut jamais avoir la destination glorieuse qui est réservée à la nôtre ; ainsi, la religion n'est nullement intéressée dans l'examen qu'on peut faire des facultés dont les animaux sont doués. Mais de même qu'en observant la structure intérieure du corps des animaux, nous appercevons des rapports d'organes qui servent souvent à nous éclairer sur la structure et l'usage des parties de notre propre corps ; ainsi, en observant les actions produites par la sensibilité qu'ils ont, ainsi que nous, on peut acquérir des lumières sur le détail des opérations de notre ame, relativement aux mêmes sensations.

Je dis, Monsieur, que les bêtes sentent comme nous; et je crois que pour penser autrement, il faudrait absolument fermer ses yeux et son cœur. Celui qui pourrait entendre, sans être ému, les cris plaintifs d'un animal, ne serait pas fort sensible à ceux d'un homme. Il est bien vrai que nous n'avons de certitude complète, que de nos propres sensations; mais les accens de la douleur, les marques visibles de la joie, qui nous assurent de la sensibilité de nos semblables, déposent avec autant de force en faveur de celle des bêtes. On n'aurait aucun moyen d'acquérir des connaissances, s'il fallait réclamer contre les impressions de notre sentiment intime, sur des faits aussi simples.

Il me paraît donc impossible de ne pas admettre le sentiment dans les bêtes. Les plus obstinés partisans de l'automatisme leur accordent encore tacitement la mémoire; car ils veulent avoir des chiens sages, et les corrigent. Ces faits étant admis, le Naturaliste, après avoir bien observé la structure des parties, soit extérieures, soit intérieures, des animaux, et deviné leur usage, doit quitter le scalpel, abandonner son cabinet, s'enfoncer dans les bois pour suivre les allures de ces êtres sentans ; juger des développemens et des effets de leur faculté de sentir, et voir comment, par l'action répétée de la sensation et de l'exercice de la mémoire, leur instinct s'élève jusqu'à l'intelligence.

Les sensations et la mémoire ont des effets nécessaires, qui ne doivent pas échapper à l'observateur. Les bêtes font un grand nombre d'actions qui ne supposent que ces deux facultés ; mais il en est d'autres qu'on ne pourrait jamais expliquer par ce qui appartient à ces facultés seules, sans y joindre leur cortège naturel. Il faut donc que le Naturaliste distingue avec beaucoup de précision, ce qui est produit par la sensation simple, par la réminiscence, par la comparaison entre un objet présent et un autre que la mémoire rappele, par le jugement qui est un résultat de la comparaison, par le choix qui est une suite du jugement, enfin par la notion de la chose jugée, qui s'établit dans la mémoire, et que la répétition des actes rend habituelle et presque machinale. Voilà, Monsieur, des distinctions qui doivent être toujours présentes à l'attention de l'observateur. La forme, tant intérieure qu'extérieure, la durée de l'accroissement et de la vie, la manière de se nourrir, les inclinations dominantes, la manière et le tems de l'accouplement, celui de la gestation, etc., ce ne sont-là proprement que des objets de première vue, sur lesquels il suffit d'avoir les yeux ouverts; mais suivre l'animal dans toutes ses opérations, pénétrer dans les motifs secrets de ses déterminations, voir comment les sensations, les besoins, les obstacles, les impressions de toute espèce dont un être sentant est assailli, multiplient ses mouvemens, modifient ses actions, étendent ses connaissances, c'est ce qui me paraît être spécialement du domaine de la philosophie.

M. Steller, dans le mémoire qu'il nous a donné sur les Ours marins, a rempli cette tâche du Philosophe avec plus de soin que n'en ont apporté beaucoup de Naturalistes; et M. de Buffon l'a fait encore plus abondamment dans ce qu'il a donné au public de l'histoire des animaux : mais celui qui voudrait se familiariser avec eux, et prendre la peine d'étudier long-tems leurs actions pour deviner leurs intentions, y trouverait matière à des spéculations bien plus étendues, et même d'un genre différent.

Je voudrais, par exemple, Monsieur, pour que nous eussions l'histoire complète d'un animal, qu'après avoir rendu compte de son caractère essentiel, de ses appétits naturels, de sa manière de vivre, etc., on cherchât à l'observer dans toutes les circonstances qui peuvent mettre des obstacles à la satisfaction de ses besoins : circonstances dont la variété rompt l'uniformité ordinaire de sa marche, et le force à inventer de nouveaux moyens.

Si c'est un animal carnassier dont on écrit l'histoire, ce n'est pas assez d'indiquer en général quels animaux lui servent de proie, ni comment il s'en saisit ; il faudrait voir par quels degrés l'expérience lui apprend à rendre sa chasse plus facile et plus sûre, comment la disette éveille son industrie, combien les ressources qu'il emploie supposent de faits connus, retracés par la mémoire, et combinés ensemble par la réflexion. Il faudrait encore observer tout ce que l'activité des différentes passions auxquelles l'animal est sujet, comme la crainte, l'amour, etc., apporte de modifications à ses démarches ; combien la vivacité des besoins écarte les idées de la crainte, et jusqu'à quel point une défiance acquise par l'expérience ; balance en lui le sentiment du besoin. Ce n'est qu'en suivant ainsi l'animal dans ses différens âges et dans les évènemens de sa vie, qu'on peut parvenir à connaître le développement de son instinct et la mesure de son intelligence. S'il est d'une espèce qui vive en société, ou toute l'année, ou seulement pendant un certain tems, il est nécessaire de bien remarquer tout ce que l'association ajoute aux intentions et aux démarches de l'animal considéré comme solitaire. La connaissance approfondie de tous ces différens ordres, embellirait encore aux yeux du Philosophe le spectacle de l'univers, et ne pourrait qu'exciter son admiration pour l'Être Suprême, qui a varié à l'infini les affections ainsi que les formes, et fait tout concourir au plan éternel dont lui seul a le secret.

Les effets de la faculté de sentir dans des sujets qui, par leurs organes, ont moins de rapports avec les objets extérieurs, doivent donner des phénomènes moins compliqués, dont l'observation, facile et sûre, servirait à développer ceux où il entre plus de combinaisons. On verrait dans quelques espèces, la sensation obtuse et presque sans activité, n'enfanter qu'un petit nombre de mouvemens spontanés; dans d'autres, son intensité les multiplierait : on en verrait sortir le desir et l'inquiétude qui produisent l'attention dans les êtres sentans, et deviennent par-là les vraies sources de leurs connaissances. De même que la géométrie s'élève de la considération des propriétés d'une ligne simple aux spéculations les plus sublimes, ainsi l'observation s'élèverait de la sensation la plus simple jusqu'à ses effets les plus compliqués, et les gradations observées dans le monde sentant, marcheraient de pair avec celles qui frappent dans le monde visible.

Il me semble, Monsieur, que ce coup-d'œil jeté sur l'histoire naturelle des animaux, la rendrait plus intéressante en elle-même et plus propre à occuper les gens qui aiment à réfléchir. J'ai vécu pendant long-tems avec les bêtes, j'en ai suivi plusieurs espèces avec beaucoup d'attention, et j'ai vu que la morale des loups pouvait éclairer sur celle des hommes. Si vous voulez, Monsieur, me promettre de l'indulgence pour mon style étranger, et faire grace à mes *germanismes*, je vous donnerai volontiers quelques essais faits sur le plan dont je viens de vous tracer l'esquisse. Je me ferai un vrai plaisir de dégager la parole de mon ami, et de vous donner en même tems des marques de l'estime infinie avec laquelle j'ai l'honneur d'être, etc.

LETTRE II.

J'AI avancé, Monsieur, dans la première lettre que j'ai eu l'honneur de vous écrire, que, sans nous refuser à notre sentiment intime, à ce sentiment, qui seul nous assure que nos semblables sont doués des mêmes facultés que nous reconnaissons en nous, il étoit impossible de nier que les bêtes n'eussent des sensations et de la mémoire. Le détail de leurs actions prouve encore qu'elles ont les résultats naturels de ces deux facultés ; ou bien il faudrait admettre des jugemens et des déterminations sans motifs, c'est-à-dire, une multitude d'effets sans cause. De-là on peut pressentir que, parmi les bêtes, celles-là doivent avoir un plus grand ensemble de connaissance, qui, en vertu de leur organisation et de leurs appétits, ont un plus grand nombre de rapports avec les objets qui les environnent. Il doit arriver encore que, si dans chaque espèce, les connaissances sont limitées par l'organisation et la nature des appétits, les circonstances qui rendent la satisfaction des besoins plus ou moins facile pour les individus, étendent plus ou moins leurs idées. Que chaque espèce en ait qui lui soient particulières, et qu'à quelques égards elle y soit bornée, cela est tout simple. La brebis qui se nourrit d'herbe, ne prend aucun intérêt aux ruses du renard poursuivant une proie qui cherche à l'éviter. Mais toutes les espèces doivent avoir également un exercice de sensations ou de pensées, qui s'étende à tout ce qui est relatif à leurs besoins et à leur sûreté. C'est-là ce qui doit décider, si les bêtes ont réellement les résultats naturels de la sensation et de la mémoire. Quoiqu'il fût difficile de concevoir l'existence de ces deux facultés sans admettre leur action, ce qui me paraît impossible, il faudrait bien alors consentir à cet étrange phénomène; mais ce sont les faits qui doivent nous instruire là-dessus. Nos réflexions n'ont pas droit de les prévenir.

Parmi les animaux, ceux que leur appétit porte à se nourrir de chair, ont un plus grand nombre de rapports que les autres avec les objets qui les environnent: aussi marquent-ils une plus grande étendue d'intelligence dans les détails ordinaires de leur vie. La nature leur a donné des sens exquis, avec beaucoup de force et d'agilité; et cela étoit nécessaire, parce qu'étant, pour se nourrir, en relation de guerre avec d'autres espèces, ils périraient bientôt de faim, s'ils n'avaient que des moyens inférieurs, ou même égaux. Mais ce n'est pas uniquement à la finesse de leurs sens qu'ils doivent la mesure de leur intelligence. Ce sont les intérêts vifs, comme les difficultés à vaincre et les périls à éviter, qui tiennent sans cesse en exercice la faculté de sentir, et impriment dans la mémoire de l'animal des faits multipliés, dont l'ensemble constitue la science qui doit présider à sa conduite. Ainsi, dans les lieux éloignés de toute habitation, et où en même tems le gibier est abondant, la vie des bêtes carnassières est bornée à un petit nombre d'actes simples et assez uniformes. Elles passent successivement d'une rapine aisée au sommeil. Mais lorsque la concurrence de l'homme met des obstacles à la satisfaction de leurs appétits, lorsque cette rivalité de proie prépare des précipices sous les pas des animaux, sème leur route d'embûches de toute espèce, et les tient éveillés par une crainte continuelle; alors un intérêt puissant les force à l'attention, la mémoire se charge de tous les faits relatifs à cet objet, et les circonstances analogues ne se présentent pas sans les rappeler vivement.

Ces obstacles multipliés donnent à l'animal deux manières d'être qu'il est bon de considérer à part. L'une est purement naturelle, très-simple, bornée à un petit nombre de sensations; telle est, peut-être, à certains égards, la vie de l'homme sauvage. L'autre est factice, beaucoup plus active et pleine d'intérêts, de craintes et de mouvemens, qui représentent, en quelque sorte, les agitations de l'homme civilisé. La première est plus également la même dans toutes les espèces carnassières. L'autre varie davantage d'une espèce à l'autre, en raison de l'organisation plus ou moins heureuse. Il faut en faire la comparaison.

Le loup est le plus robuste des animaux carnassiers des climats tempérés de l'Europe. La nature lui a donné aussi une voracité et des besoins proportionnés à sa force; il a d'ailleurs des sens exquis, avec une vue perçante et une excellente ouie; il a un nez qui l'instruit encore plus sûrement de tout ce qui s'offre sur sa route. Il apprend par ce sens, lorsqu'il est bien exercé, une partie des relations que les objets peuvent avoir avec lui : je dis lorsqu'il est exercé ; car il y a une différence très-sensible entre les démarches du loup jeune et ignorant, et celles du loup adulte et instruit.

Les jeunes loups, après avoir passé deux mois au liteau, où le père et la mère les nourrissent, suivent enfin leur mère qui ne pourrait plus fournir seule à une voracité qui s'accroît tous les jours. Ils déchirent avec elle des animaux vivans, s'essaient à la chasse et parviennent, par degrés, à pourvoir avec elle à leurs besoins communs. L'exercice habituel de la rapine, sous les yeux et à l'exemple d'une mère déjà instruite, leur donne chaque jour quelques idées relatives à cet objet. Ils apprennent à reconnaître les forts où se retire le gibier : leurs sens sont ouverts à toutes les impressions; ils s'accoutument à les distinguer entre elles, et à rectifier par l'odorat les jugemens que leur font porter les autres sens. Lorsqu'ils ont huit ou neuf mois, l'amour force la louve à quitter la portée de l'année précédente, pour s'attacher à un mâle. Ce besoin pressant anéantit la tendresse de mère; elle fuit, ou chasse ses enfans qui ne doivent plus avoir besoin d'elle; et les jeunes loups se trouvent abandonnés à leurs propres forces. La famille reste encore unie pendant quelque tems, et cette association lui serait assez nécessaire; mais la voracité naturelle à ces animaux les sépare bientôt, parce qu'elle ne peut plus souffrir le partage de la proie. Les plus forts restent maîtres du terrein, et ceux qui sont plus faibles vont ailleurs traîner une vie souvent exposée à se terminer par la faim. D'ailleurs, le peu d'expérience qu'ils ont encore les livre à tous les périls que les hommes leur préparent. C'est alors sur-tout qu'ils vont chercher dans les campagnes les cadavres d'animaux, parce qu'ils n'ont encore ni la force, ni l'habileté qui y supplée. Lorsqu'ils résistent à ce tems de nécessité, leurs forces augmentées et l'instruction qu'ils ont acquise leur donnent plus de facilité pour vivre. Ils sont en état d'attaquer de grands animaux, dont un seul les nourrit pendant plusieurs jours : lorsqu'ils en ont abattu un, ils le dévorent en partie et en cachent soigneusement les restes; mais cette précaution ne les ralentit point sur la chasse, et ils n'ont recours à ce qu'ils ont caché que quand elle a été malheureuse. Le loup vit ainsi dans les alternatives de la chasse pendant la nuit, et d'un sommeil inquiet et léger pendant le jour. Voilà ce qui regarde sa vie purement naturelle; mais dans les lieux où ses besoins se trouvent en concurrence avec les desirs de l'homme, la nécessité continuelle d'éviter les pièges qu'on lui tend, et de pourvoir à sa sûreté, le contraint d'étendre la sphère de son activité et de ses idées à un bien plus grand nombre d'objets. Sa marche, naturellement libre et hardie, devient précautionnée et timide; ses appétits sont souvent suspendus par la crainte; il distingue les sensations qui lui sont rappelées par la mémoire de celles qu'il reçoit par l'usage actuel de ses sens. Ainsi, en même tems qu'il évente un troupeau enfermé dans un parc, la sensation du berger et du chien lui est rappelée par la mémoire, et balance l'impression actuelle qu'il reçoit par la présence des moutons; il mesure la hauteur du parc, il la compare avec ses forces, il juge de la difficulté de le franchir lorsqu'il sera chargé de sa proie, et il en conclut l'inutilité, ou le danger de la tentative. Cependant, au milieu d'un troupeau répandu dans la campagne, il saisira un mouton, à la vue même du berger, sur-tout si le voisinage du bois lui laisse l'espérance de s'y cacher avant d'être atteint. Il ne faut pas beaucoup d'expérience à un loup adulte qui vit dans le voisinage des habitations, pour apprendre que l'homme est son ennemi. Dès qu'il paraît, il est poursuivi; l'attroupement et l'émeute lui annoncent combien il est craint, et tout ce que lui-même il doit craindre. Aussi, toutes les fois que l'odeur d'homme vient frapper son nez, elle réveille en lui les idées du danger. La proie la plus séduisante lui est inutilement présentée, tant qu'elle a cet accessoire effrayant; et même lorsqu'elle ne l'a plus, elle lui reste long-tems suspecte. Le loup ne peut alors avoir qu'une idée abstraite du péril, puisqu'il n'a pas la connaissance particulière du piège qu'on lui tend : cependant il ne parvient à surmonter cette idée qu'en s'approchant de l'objet par degrés presque insensibles; plusieurs nuits suffisent à peine à le rassurer. Le motif de sa défiance n'existe plus, mais il est rappelé par la mémoire, et la défiance dure encore. L'idée de l'homme réveille celle d'un piège qu'il ne connaît pas, et rend suspects les appas les plus friands.

Timeo Danaos et dona ferentes. C'est une science que le loup est forcé d'acquérir pour l'intérêt de sa conservation, qui ne manque jamais au loup adulte qui a quelque expérience, et qui s'étend plus ou moins selon les circonstances qui l'obligent à revenir sur lui-même et à réfléchir. Sans argumenter comme nous, il est du moins nécessaire qu'il compare entre elles les sensations qu'il a éprouvées, qu'il juge des rapports que les objets ont entre eux, et de ceux qu'ils peuvent avoir avec lui; sans quoi il lui serait impossible de prévoir ce qu'il doit craindre ou espérer de ces objets. Cependant le loup est le plus brut de nos animaux carnassiers, parce qu'il est le plus fort : naturellement plus grossier que défiant, l'expérience le rend précautionné, et la nécessité, industrieux; mais il n'a ces qualités que par acquisition, et ce ne sont point ses moyens naturels. Si on le chasse avec des chiens courans, il ne se dérobe à la poursuite que par la supériorité de sa vîtesse et de son haleine; il n'a point recours aux retours et aux autres ruses des animaux plus faibles. La seule précaution qu'il prenne et qu'en effet il ait à prendre, c'est de fuir toujours le nez au vent : le rapport de ce sens l'instruit fidèlement des objets dangereux qui peuvent se rencontrer sur sa route. Il a appris à comparer le degré de sensation que l'objet lui fait éprouver, avec la distance où il se trouve, et la distance avec le danger qu'il peut en craindre : il s'en détourne assez pour l'éviter, mais sans perdre le vent, qui est toujours sa boussole. Comme il est vigoureux et exercé, et que souvent la chasse l'a forcé de parcourir une grande étendue de pays, il dirige sa course vers les lieux éloignés qu'il connaît, et on ne parvient à le dévoyer, qu'en multipliant les embuscades avec beaucoup d'attirail et d'apprêt.

Tout animal qui passe successivement de la chasse au sommeil, et qui par conséquent n'est point sujet à l'ennui, ne peut avoir que trois motifs qui l'intéressent et qui deviennent les principes de ses connaissances, de ses jugemens, de ses déterminations et de ses actions : la recherche de sa nourriture, les précautions relatives à sa sûreté, et le soin de se procurer une femelle lorsqu'il est pressé du besoin de l'amour. Nous voyons que le loup emploie, quant à la recherche de sa nourriture, toute l'industrie qui convient à sa force. Il prend des mesures pour s'assurer du lieu où il trouvera sa proie; et si dans cette recherche il choisit un lieu plutôt qu'un autre, ce choix suppose des faits précédemment connus. Il observe ensuite pendant long-tems les différens genres de péril auxquels il s'expose; il les évalue, et ce calcul de probabilités le tient en suspens jusqu'à ce que l'appétit vienne mettre un poids dans la balance et le déterminer volontairement. Les précautions relatives à la sûreté exigent plus de prévoyance, c'est-à-dire, un plus grand nombre de faits gravés dans la mémoire. Il faut ensuite comparer tous ces faits avec la sensation actuelle que l'animal éprouve, juger du rapport qu'il y a entre ces faits et la sensation, enfin se déterminer d'après le jugement porté. Toutes ces opérations sont absolument nécessaires; et, par exemple, on aurait tort de croire que la crainte qu'excite un bruit soudain fût pour la plupart des animaux carnassiers une impression purement machinale. L'agitation d'une feuille n'excite dans un jeune loup qu'un mouvement de curiosité; mais le loup instruit, qui a vu le mouvement d'une feuille annoncer un homme, s'en effraie avec raison, parce qu'il juge du rapport qu'il y a entre ces deux phénomènes. Lorsque les jugemens ont été souvent répétés, et que la répétition a rendu habituelles les actions qui en sont la suite, la promptitude avec laquelle l'action suit le jugement la fait paraître machinale; mais avec un peu de réflexion, il est impossible de méconnaître la gradation qui y a conduit, et de ne pas la rappeler à son origine. Il peut arriver que l'idée de ce rapport entre le mouvement d'une feuille et la présence d'un homme, ou de tel autre objet, soit très-vive et réalisée par différentes occasions: alors elle s'établira dans la mémoire comme idée générale. Le loup se trouvera sujet à la chimère et à de faux jugemens qui seront le fruit de l'imagination; et si ces faux jugemens s'étendent à un certain nombre d'objets, il deviendra le jouet d'un système illusoire qui le précipitera dans une infinité de démarches fausses, quoique conséquentes aux principes qui se seront établis dans sa mémoire. Il verra des pièges où il n'y en a point; la frayeur déréglant son imagination, lui représentera dans un autre ordre les différentes sensations qu'il aura reçues; et elle en composera des formes trompeuses, auxquelles il attachera l'idée abstraite du péril. C'est en effet ce qu'il est aisé de remarquer dans les animaux carnassiers, par-tout où ils sont souvent chassés et continuellement assiégés d'embûches. Leurs démarches n'ont plus l'assurance ni la liberté de la nature. Le chasseur, en suivant les pas de l'animal, ne cherche qu'à découvrir le lieu de son rembûchement; mais le Philosophe y lit l'histoire de ses pensées; il démêle ses inquiétudes, ses frayeurs, ses espérances; il voit les motifs qui ont rendu sa marche précautionnée, qui l'ont suspendue, qui l'ont accélérée; et ces motifs sont certains, ou, comme je l'ai déjà dit, il faudrait supposer des effets sans cause.

Il est difficile de savoir si l'amour fournit aux loups un grand nombre d'idées; il est certain seulement que les mâles sont plus nombreux que les femelles, qu'entre eux il y a des combats sanglans pour jouir, et qu'il s'établit un mariage : mais on ne sait pas si la louve en chaleur reste la proie du plus fort, ou si un choix libre la livre aux empressemens du mieux aimé. On sait cependant qu'il entre dans la conduite de la louve une sorte de coquetterie qui est commune à toutes les femelles dans toutes les espèces : elle entre en chaleur la première, mais elle dissimule ou même refuse assez long-tems ce qu'elle desire;

et il est assez vraisemblable qu'il entre du choix dans son association ; car elle s'enfuit avec celui qui reste son mari, et se dérobe aux autres prétendans. Alors et pendant tout le tems de la gestation, elle demeure avec celui qu'elle a adopté ou qui l'a conquise, et ensuite ils partagent ensemble les soins de la famille. Ainsi, quel que soit le principe de cette société, elle établit des droits réciproques, et fait naître de nouvelles idées. Les loups unis chassent ensemble, et le secours qu'ils se prêtent rend leur chasse plus facile et plus sûre. S'il est question d'attaquer un troupeau, la louve va se présenter au chien, qu'elle éloigne en se faisant poursuivre, pendant que le mâle insulte le parc et emporte un mouton, que le chien n'est plus à portée de défendre. S'il faut attaquer quelque bête fauve, les rôles se partagent en raison des forces : le loup se met en quête, attaque l'animal, le poursuit et le met hors d'haleine, lorsque la louve, qui d'avance s'était placée à quelque détroit, le reprend avec des forces fraiches, et rend en peu de tems le combat trop inégal.

Il est aisé de voir combien de telles actions supposent de connaissances, de jugement et d'inductions ; il paraît même difficile que des conventions de cette nature puissent s'exécuter sans un langage articulé, et c'est ce que nous examinerons ailleurs. Cependant, comme nous l'avons dit, le loup est un des animaux carnassiers qui, attendu sa force, a le moins besoin d'avoir beaucoup d'idées factices, c'est-à-dire, de celles qui se forment par la réflexion qu'on fait sur les sensations qu'on a éprouvées. La nécessité de la rapine, l'habitude du meurtre, et la jouissance journalière de membres d'animaux déchirés et sanglans, ne paraissent pas devoir former au loup un caractère moral bien intéressant : cependant, excepté le cas de rivalité en amour, cas privilégié pour tous les animaux, on ne voit pas que les loups exercent de cruauté directe les uns contre les autres. Tant que la société subsiste entr'eux, ils se défendent mutuellement, et la tendresse maternelle est portée dans les louves jusqu'à l'excès de fureur qui méconnait entièrement le péril. On dit qu'un loup blessé est suivi au sang et enfin achevé et dévoré par ses semblables : mais c'est un fait peu constaté, qui sûrement n'est pas ordinaire, et qui peut avoir été quelquefois l'effet du dernier terme de la nécessité qui n'a plus de loi. Les relations morales ne peuvent pas être fort étendues entre des animaux qui n'ont nul besoin de société; tout être qui mène une vie dure et isolée, partagée entre un travail solitaire et le sommeil, doit être très-peu sensible aux tendres mouvemens de compassion.

Le renard a les mêmes besoins que le loup, et la même inclination pour la rapine : il a les sens aussi fins, plus d'agilité et de souplesse; mais la force lui manque; et il est contraint de la remplacer par l'adresse, la ruse et la patience. Un des premiers effets de l'industrie par laquelle il est supérieur au loup, c'est de se creuser un terrier qui le met à l'abri des injures de l'air et lui sert en même tems de retraite. Pour s'épargner de la peine, il s'empare ordinairement de ceux qu'habitent les lapins; il les en chasse et s'y établit. Lorsque quelque raison le détermine à changer de pays, son premier soin est d'aller visiter tous les terriers dont la position peut lui convenir, sur-tout ceux qui ont été anciennement habités par des renards. Il les nettoie successivement; et ce n'est qu'après les avoir tous parcourus, qu'il se fixe à la fin : mais s'il est troublé, même légèrement, dans celui qu'il a choisi, il en change bientôt, et il ne souffre pas que l'inquiétude approche du lieu qu'il destine à sa demeure. Le renard ainsi établi parcourt en peu de tems tous les entours de son terrier à une assez grande distance; il prend connaissance des villages, des hameaux, des maisons isolées, et il évente les volailles; il s'assure des cours où l'on entend des chiens et du mouvement, et de celles où le repos règne; il reconnaît les haies et les lieux couverts qui pourraient, en cas de péril, favoriser son évasion. Cet attirail de précautions, tant de possibilités prévues, supposent nécessairement beaucoup de faits déjà connus: toujours guidé dans sa marche par une défiance raisonnée, il se laisse rarement emporter à l'ardeur de poursuivre une proie qui fuit; il arrive près d'elle en se traînant, et s'en saisit en sautant légèrement dessus. Lorsqu'il est bien assuré que la tranquillité règne dans une basse-cour où il a éventé des volailles, il tâche d'y pénétrer, et son agilité naturelle lui en donne aisément les moyens. Alors, s'il n'est point troublé, il en profite pour multiplier les meurtres, et il emporte ce qu'il a tué, jusqu'à ce que les approches du jour lui fassent craindre moins d'assurance pour sa retraite. Il amasse ainsi des vivres pour plusieurs jours, et cache avec soin tous ses restes, pour les retrouver au besoin. Si le renard est établi dans un pays giboyeux, son industrie a d'autres formes à prendre pour suffire à sa voracité : tantôt il parcourt les campagnes, marche le nez au vent, prend connaissance ou de quelque lièvre au gîte, ou de perdrix couchées dans un sillon ; il en approche en silence ; ses pas, marqués à peine sur la terre molle, annoncent sa légèreté et l'intention qu'il a de surprendre : il réussit souvent. Quelquefois sa ressource est dans la patience ; il se glisse le long des bois, observe le passage d'un lapin, se cache, attend, et le saisit lorsqu'il rentre d'assurance. Mais la chasse n'est pas toujours immédiatement l'objet des courses du renard : quoique déjà rassasié, sa prévoyance active le fait marcher encore, moins dans l'intention de chercher une nouvelle proie, que pour prendre des connaissances plus sûres et plus détaillées du pays qui lui fournit à vivre. Il revient souvent aux différens terriers qu'il a nétoyés d'abord, il en fait le tour avec beaucoup de précaution, il y entre et en examine avec soin les différentes gueules; il s'approche par degrés des objets qui lui sont nouveaux : toute nouveauté lui est d'abord suspecte, et chacun de ses pas vers l'objet, indique la défiance et l'examen. Cependant, avec des appâts dont les renards sont friands, on les fait aisément donner dans les pièges, lorsqu'ils ne leur sont pas encore connus; mais sitôt qu'ils sont instruits, les mêmes moyens deviennent inutiles. Il n'est point d'appât qui puisse alors faire braver au renard le danger qu'il reconnaît ou qu'il soupçonne. Il évente le fer du piège; et cette sensation, devenue terrible pour lui, l'emporte sur toute autre impression. S'il apperçoit que les embûches soient multipliées autour de lui, il quitte le pays pour en chercher un plus sûr. Quelquefois cependant, enhardi par des approches graduelles et réitérées, guidé par le sentiment sûr de son nez, il trouvera le moyen de dérober légèrement, et sans s'exposer, un appât de dessus un piège.

On voit que cette action suppose, avec ses circonstances, une quantité de vues fines et de combinaisons assez compliquées. On ne finirait point, si l'on voulait détailler toutes les intentions qui lui font changer ses refuites, les motifs qui balancent en lui le pouvoir de l'habitude, si puissant sur tous les animaux, et toutes les variétés que les circonstances nouvelles jettent dans sa conduite. Tout cela est nécessaire à un animal faible qui se trouve en concurrence avec l'homme, et qui nuit à ses besoins ou à ses plaisirs. Si c'est pour lui un avantage naturel d'avoir une retraite et d'être domicilié, c'est aussi un moyen de plus qu'a son ennemi pour l'attaquer : il découvre aisément sa demeure et vient l'y surprendre; mais l'homme avec ses machines, a besoin lui-même de beaucoup d'expérience, pour n'être pas mis en défaut par la prudence et les ruses du renard. Si toutes les gueules du terrier sont masquées par des pièges, l'animal les évente, les reconnait, et plutôt que d'y donner, il s'expose à la faim la plus cruelle. J'en ai vu s'obstiner ainsi à rester jusqu'à quinze jours dans le terrier, et ne se déterminer à sortir que quand l'excès de la faim ne leur laissait plus de choix que celui du genre de mort. Cette frayeur, qui retient le renard, n'est alors ni machinale ni inactive; il n'est point de tentative qu'il ne fasse pour s'arracher au péril; tant qu'il lui reste des ongles, il travaille à se faire une nouvelle issue, par laquelle il échappe souvent aux embûches du chasseur. Si quelque lapin enfermé avec lui dans le terrier vient à se prendre à l'un des pièges, ou si quelqu'autre hasard le détend, l'animal juge que la machine a fait son effet, et il y passe hardiment et sûrement. La seule passion qui fasse oublier au renard une partie de ses précautions ordinaires, c'est la tendresse pour sa famille : la nécessité de la nourrir, lorsqu'elle est enfermée dans le terrier, rend le père et la mère, mais sur-tout celle-ci, plus hardis qu'ils ne le sont pour eux-mêmes, et cet intérêt pressant, leur fait souvent braver le péril. Les chasseurs savent bien profiter de cette tendresse du renard pour sa famille. La communauté de soins et d'intérêts suppose une sorte de morale dans l'amour, et des affections qui s'étendent au-delà des besoins physiques proprement dits. Ces animaux, familiarisés avec les scènes de sang, n'entendent pas sans être émus les cris de leurs petits souffrans. Les poules ont sans doute le droit de ne pas les regarder comme des animaux compatissans, mais leurs femelles, leurs enfans, et même tous ceux de leur espèce, n'ont pas du moins à s'en plaindre. Cette tendre inquiétude, qui porte la renarde à s'oublier elle-même, la rend infiniment attentive à tous les dangers qui peuvent menacer ses petits. Si quelque homme approche du terrier, elle les transporte pendant la nuit suivante; et elle est souvent exposée à déloger ainsi, parce que dans ces tems les renards signalent leur voisinage par des ravages plus grands, et qu'on est plus intéressé à s'en défaire.

Outre l'intérêt qu'a l'homme de détruire le renard, il a fait encore de la chasse de cet animal un objet d'amusement. On le chasse avec des bassets ou de petits chiens courans. D'abord l'animal ne s'écarte pas beaucoup de sa retraite, et il fait plusieurs randonnées; mais comme on garde ordinairement son terrier, et que souvent il y est tiré, il prend enfin le parti de s'éloigner; et pour retarder la poursuite des chiens, il passe dans les plus épais halliers dont il a la connaissance et l'habitude. Si quelques chasseurs cherchent à prendre les devans pour le tirer au passage, il les évite et tente tout plutôt que de passer à côté d'un homme. J'en ai vu un sauter alternativement jusqu'à trois fois un mur de neuf pieds de haut, pour éviter les embuscades qu'on lui préparait,

Mais enfin, comme il n'a que la fuite pour défense, et qu'il n'a qu'une vigueur moindre que celle des chiens qui le poursuivent, après avoir épuisé tout ce que la fuite peut comporter d'habileté et de variétés, la lassitude le force à se retirer dans quelque terrier où souvent il périt.

On a pu remarquer que la manière de vivre habituelle du renard, et le détail de ses actions journalières, supposent un plan mieux réglé, un ensemble de réflexions plus compliquées, et de vues plus étendues et plus fines que ne le sont celles du loup. La prudence est la ressource de la faiblesse, et souvent elle la guide mieux que l'audace ne conduit la force. Au reste, on remarque également dans ces animaux une aptitude à se perfectionner qui leur est commune, malgré la différence que l'organisation et les besoins mettent dans les résultats : ignorans, grossiers et presque imbéciles dans les lieux où l'on ne leur fait pas une guerre ouverte, ils deviennent habiles, pénétrans et rusés, lorsque la crainte de la douleur ou de la mort, présentée sous mille formes, leur a fait éprouver des sensations multipliées; qu'elles se sont établies dans leur mémoire;

qu'elles ont produit des jugemens; qu'ensuite, rappelées par des circonstances intéressantes, l'attention les a combinées avec d'autres et en a tiré des inductions nouvelles. Ces jugemens, qui sont le produit de l'induction, ne sont pas toujours sûrs; mais l'expérience les rectifie; et il est aisé de reconnaître dans les différens âges de ces animaux leurs progrès dans l'art de juger. Dans la jeunesse, l'imprudence et l'étourderie leur font faire beaucoup de fausses démarches; ensuite les périls auxquels ils sont exposés leur causent une frayeur qui souvent égare leur jugement, leur fait regarder comme dangereuses toutes les formes inconnues, attache l'idée abstraite du péril à tout ce qui est nouveau, et les jette par conséquent dans la chimère. Les vieux loups et les vieux renards, que la nécessité a mis souvent dans le cas de vérifier leurs jugemens, sont moins sujets à se laisser frapper par de fausses apparences, mais plus précautionnés contre les dangers réels. Comme une crainte déplacée peut leur faire manquer leur nuit et les réduire à une diète incommode, ils ont un grand intérêt à observer. L'intérêt produit l'attention, l'attention fait démêler les circonstances qui caractérisent un objet et le distingue d'un autre : la répétition des actes rend ensuite les jugemens aussi prompts et aussi faciles qu'ils sont sûrs. Ainsi, les animaux sont perfectibles ; et si la différence de l'organisation met des limites à la perfectibilité des espèces, il est sûr que toutes jouissent jusqu'à un certain degré de cet avantage, qui doit nécessairement appartenir à tous les êtres qui ont des sensations et de la mémoire : le sage auteur de la nature a proportionné dans toutes les moyens aux besoins. En parcourant, Monsieur, quelques autres espèces dans la première lettre que j'aurai l'honneur de vous écrire, cette vérité se fera sentir de plus en plus. De quelque côté qu'on regarde les ouvrages de l'éternel Artisan, on ne peut qu'être frappé de la profondeur de ses vues, et rendre hommage à sa gloire.

J'ai l'honneur d'être, etc.

LETTRE III.

L'HISTOIRE des animaux carnassiers, dont vous avez vu, Monsieur, quelques essais dans ma dernière lettre, donne des scènes changeantes que ne peut pas offrir celle des animaux qui vivent d'herbes et de fruits. Une proie fugitive que des attaques répétées rendent elle-même très-industrieuse, la concurrence avec un rival que la supériorité de ses moyens fait regarder comme le roi de la nature, tous les intérêts qui peuvent naître de ces deux états combinés d'attaque et de défense, tiennent continuellement éveillée dans les carnassiers leur faculté de sentir, et les forcent à une attention, à une habitude de réflexion qui étend chaque jour la mesure de leur intelligence. Les frugivores n'ont aucun besoin de réfléchir ni de raisonner pour vivre; ils ont moins d'idées et plus d'innocence, des mœurs douces, une conduite uniforme qui ne présente pas beaucoup de révolutions, mais qui donne le spectacle du calme et de la paix. On dit que l'histoire d'un peuple sans passions serait une histoire sans intérêt. Celle des animaux qui se nourrissent d'herbes est presque dans ce cas; elle est aussi simple que leurs besoins : toute leur science se borne au souvenir d'un petit nombre de faits; et si quelques animaux destructeurs ne troublaient pas leurs asyles, ils sauraient encore moins; mais leur vie serait libre et heureuse autant qu'elle est naturellement uniforme. C'est sur-tout l'homme, avide et cruel, qui ne laisse pas jouir en paix des fruits de la terre celles des bêtes qui peuvent servir à sa nourriture ou à ses plaisirs. S'il fait la guerre aux tyrans carnassiers des forêts, ce n'est point comme bienfaiteur, c'est comme rival, et pour se réserver le droit de dévorer seul la proie commune. Le cerf, le daim, le chevreuil, le lièvre, le lapin, sont pour lui des objets de protection et de rapine : la mort de ces animaux est la fin dernière des soins qu'il en prend. Il est vrai que quelques-uns d'entre eux doivent un assez grand nombre d'idées à cette nécessité d'éviter les embûches de l'homme. Ils sont forcés de se composer un système de défense qu'ils n'auraient point, et si le savoir était un bonheur absolu, ils auraient à cet ennemi l'obligation d'avoir contribué au leur, en développant leurs facultés sensitives et intellectuelles; mais le savoir a-t-il jamais valu le repos? Ce peut être un moyen de bonheur pour l'homme oisif et agité, qui a besoin d'occupation pour éviter l'ennui; c'est un remède à cette maladie de curiosité qui le tourmente : mais parmi les êtres sensibles, ceux qui n'éprouvent point habituellement le besoin d'être fortement occupés, n'ont point la maladie que guérit l'occupation forte. Dans l'homme même, ce mal-aise inquiet, qui le porte sans cesse à chercher du secours au-dehors, et qui par-là devient la source de la plus grande partie de ses connaissances, n'est peut-être qu'un vice acquis et un produit de l'éducation. Les peuples sauvages, qui ne connaissent que peu de besoins, ne paraissent pas moins heureux que les peuples policés qui en connaissent beaucoup qu'ils ne peuvent satisfaire. Quand on considère toutes les conditions et tout l'appareil devenus nécessaires au bonheur de l'homme oisif et civilisé, au petit nombre de ceux qui jouissent, et au nombre prodigieux de ceux qui souffrent parce qu'ils desirent, on serait tenté de croire que l'espèce entière aurait gagné à être moins instruite. Peut-être aussi qu'une instruction plus générale et plus perfectionnée apprendrait aux hommes le vrai terme de leur bonheur, leur ferait connaître la manière d'être précise, de laquelle il doit résulter, pour le plus grand nombre des individus, et fixerait leur inquiétude et leurs desirs par le sentiment et l'évidence. Quoiqu'il en soit, il est certain que ceux des animaux, dont la vie peu variée ne suppose qu'un nombre d'idées fort borné, paraissent plus voisins du bonheur que ceux dont les mouvemens continuels annoncent beaucoup d'intérêts et d'activité. Ceux-ci ont une existence plus vive et des sensations plus fortes; mais cette intensité de vie n'est due souvent qu'à l'inquiétude, à la crainte, à des sentimens pénibles. Lors même qu'ils poursuivent le plaisir avec une ardeur mêlée d'espérance, on ne peut pas les regarder comme heureux. C'est le besoin de jouir qui est actif; mais la jouissance elle-même est tranquille.

Le cerf est un de ces animaux que leur constitution, les inclinations qui en résultent, la manière de se nourrir, et les rapports qu'ils peuvent avoir avec les autres, ne mettent pas dans le cas d'avoir beaucoup d'idées. Il n'a nulle difficulté à vaincre quant à la recherche de sa nourriture. S'il souffre de la disette, il n'a d'autre ressource que de changer de lieu, et il ne peut être servi par aucun genre d'industrie; ainsi, sa mémoire ne se charge à cet égard que d'un petit nombre de faits qui lui suffisent. Il apprend et sait bientôt où il trouvera des chatons et des bourgeons tendres au commencement du printems, de l'herbe nouvelle et succulente pendant l'été, des grains à la fin de cette saison, et des ronces ou des pointes de bruyères lorsque l'hiver a durci les bois et flétri les herbes. La répétition de ces actes si simples ne suppose ni ne donne beaucoup d'instruction. Sortir le soir de sa retraite pour aller viander, y rentrer à la pointe du jour, et s'y mettre à la reposée; relever quelquefois vers midi, ou pour manger, ou, s'il fait fort chaud, pour aller boire à quelque mare : voilà l'histoire de la journée d'un cerf; et ce serait celle de toute sa vie, si le tems du rut et les embûches de l'homme n'y jetaient quelque variété. Cependant ces actes, tout simples qu'ils sont, supposent encore dans le cerf, expérience, réflexion, et choix, puisqu'il est nécessaire qu'il change de gagnage et de retraite selon les saisons. Au printems et au commencement de l'été, la nécessité de refaire sa tête et de ménager un bois encore tendre et sensible, l'oblige à chercher les buissons écartés dans lesquels il peut espérer une tranquillité profonde. En hiver, la rigueur du froid le porte à habiter les futaies à l'abri et les fonds de forêts, voisins des gagnages convenables à la saison. Mais ce choix de retraite ne suppose encore qu'une seule conséquence tirée directement d'une seule observation. Lorsqu'il a été plusieurs fois inquiété dans son asyle, il met à le cacher un art qui ne peut être que le fruit de vues plus fines et de réflexions plus compliquées. Souvent il change de buisson en raison du vent, pour être à portée de sentir et d'entendre ce qui peut venir le menacer de dehors. Souvent au lieu de rentrer d'assurance et d'aller droit se mettre à sa reposée, il fait de faux rembûchemens; il entre dans le bois, il en sort; il va et revient sur ses voies à plusieurs reprises. Sans avoir d'objet présent d'inquiétude, il fait les mêmes ruses qu'il ferait pour se dérober à la poursuite des chiens s'il se sentait chassé par eux. Cette prévoyance annonce des faits déjà connus, et une suite d'idées et de présomptions qui sont la conséquence de ces faits; car il faut nécessairement qu'une telle démarche soit le produit des raisonnemens qui suivent : « un chien, conduit par un homme, m'a plusieurs fois forcé de fuir et m'a suivi long-tems à la trace, donc ma trace lui a été connue : ce qui est arrivé plusieurs fois peut encore arriver aujourd'hui; donc il faut qu'aujourd'hui je me précautionne contre ce qui est déjà arrivé. Sans savoir comment on fait pour connaître ma trace et la suivre, je présume qu'au moyen d'une fausse marche je pourrai dévoyer mes poursuivans; donc il faut que j'aille et revienne sur mes voies pour leur en dérober la connaissance et assurer ma tranquillité. » Quiconque réfléchira sur la nécessité d'un motif pour produire une détermination aussi compliquée, et l'action qui en est la suite, verra que celle-ci ne peut pas être le produit de ce qu'on appelle instinct; car les actions de l'instinct ne supposent dans l'animal qu'une seule idée ou sensation actuelle. Ainsi, c'est en conséquence d'une seule sensation que le cerf broute l'herbe, que l'animal carnassier se jette sur sa proie, que l'enfant saisit le téton de sa nourrice; mais il est impossible qu'une sensation seule et immédiate fasse inventer des ruses à un animal, en conséquence d'une importunité qu'il a précédemment éprouvée, et de la manière dont il l'a éprouvée.

Nous avons dit que le tems du rut rompait aussi l'uniformité de la vie naturelle des cerfs, cependant, ni l'amour, ni la société qu'ils ont ensemble pendant l'hiver, ne sont encore pour eux les sources d'un grand nombre d'idées. L'amour n'est en eux qu'un besoin momentané de jouir qui admet toutes les femelles indistinctement, qui n'établit aucun choix réciproque, aucun soin de famille. Pendant l'hiver, ils ne vivent pas proprement en société; seulement ils se rapprochent les uns des autres pour se garantir du froid : ce besoin passé, ils se séparent, ou du moins ne paraissent en aucune façon attachés les uns aux autres, excepté les jeunes et les femelles, que la faiblesse et la timidité retiennent ensemble. Ils sont inutiles l'un à l'autre pour les besoins ordinaires de la vie, et ils vivent à-peu-près isolés. On en pourrait conclure que toute société entre les animaux est uniquement fondée sur les secours mutuels qu'ils peuvent se donner. Mais il y a, dans quelques espèces, des exemples qui prouvent qu'il existe une société d'attrait indépendante de tout autre besoin. Comme les cerfs n'ont point d'affections sociales, leurs haines aussi ne sont que passagères. On ne voit de combats entre eux que dans le tems de l'effervescence amoureuse qui leur est commune. Alors ceux qui n'ont pas dans leurs pays assez de femelles, ou qui sont maltraités par de plus forts qu'eux, changent de lieu, et vont quelquefois fort loin pour chercher fortune. Lorsque les desirs sont devenus tout-à-fait pressans, les cerfs sont dans un mouvement continuel, ils n'ont ni gagnage ni reposée fixes; ils font retentir les forêts d'un bruit terrible qui a l'accent de la profonde douleur; ils courent comme ivres, regardent sans voir, et perdent en fort peu de tems toute la venaison qu'ils ont acquise pendant l'été. Parmi les femelles, on ne voit point, comme dans les espèces qui font un choix, ces refus simulés qui attachent le mâle et irritent en lui le desir de la jouissance; et les combats entre les mâles ne paraissent avoir pour objet que le besoin de jouir, sans aucun motif de préférence. Lorsqu'il y a inégalité de forces, le plus faible cède promptement au fort le champ de l'amour. Dans cette espèce, les vieux ont l'avantage singulier d'être les plus ardens;

ce sont eux aussi auxquels les biches se livrent d'abord, soit par attrait, soit par crainte : cependant, lorsque des forces à-peu-près égales rendent entre deux rivaux le sort du combat douteux et long, les biches destinées à être le prix du vainqueur, deviennent souvent la proie d'un jeune audacieux qui jouit et s'échappe.

On voit que le cerf, avec des sens assez fins, l'œil bon, l'ouie et l'odorat excellens, n'acquiert pas beaucoup de connaissances, parce qu'il n'a pas beaucoup de motifs qui le forcent à l'attention. Avec les animaux de son espèce, il n'a que des rapports passagers qui ne supposent que des sentimens simples, et n'exigent point de réflexion. Avec les autres et avec l'homme, il n'a de relation que celle de sa propre défense, pour laquelle il n'a de moyen que la fuite : c'est donc dans sa manière de fuir qu'il faut l'examiner, pour voir le développement de ses facultés. Être effrayé du bruit des chiens, et tâcher d'échapper à leur poursuite, c'est dans un animal timide un pur effet de l'instinct. Mais diriger sa fuite d'après des faits connus, la raisonner, la compliquer, c'est l'effet d'un principe intelligent, et c'est ce qu'on ne peut pas méconnaître dans le cerf. Lorsqu'il est encore sans expérience, sa fuite est simple et sans méthode. Comme il ne connaît que les lieux voisins de celui où il est né, il y revient souvent, ne les quitte qu'à regret et à la dernière extrémité. Mais lorsque la nécessité répétée de se dérober à la poursuite l'a forcé de réfléchir sur la manière dont il a été poursuivi, il se compose un système de défense, et il épuise tout ce que l'action de fuir peut comporter de variétés et de desseins. Il s'est apperçu que, dans les bois fourrés où le contact de tout son corps laisse un sentiment vif de son passage, les chiens le suivent avec ardeur et sans interruption : il quitte donc les bois fourrés, passe dans les futaies, ou longe les routes. Souvent il forlonge, c'et-à-dire, qu'il change de pays, et profite, pour s'éloigner, de l'avantage de sa vitesse. Mais, quoiqu'il n'entende plus les chiens, il sait que bientôt il sera rapproché par eux ; ainsi, loin de se livrer à une sécurité dangereuse, il profite de ce tems de répit pour imaginer des moyens de tromper ses ennemis. Il a remarqué qu'il était trahi par les traces de ses pas, et que la poursuite s'y attachait constamment : pour dérober sa marche, il court souvent en ligne droite, revient sur ses voies, et se séparant ensuite de la terre par plusieurs sauts consécutifs, il met en défaut la sagacité des chiens, trompe l'œil du chasseur et gagne au moins du tems. Quelquefois il prend le parti de forlonger aussitôt qu'il est attaqué. Quelquefois il commence par des ruses; il se jette sur le ventre, se fait relancer comme s'il était mal mené, et puis tout-à-coup il s'éloigne avec toute la vîtesse dont il est capable. S'il paraît vouloir prendre du repos, ce n'est jamais lorsque les chiens sont éloignés de lui. Mais s'il est pressé, il lui arrive de se jeter sur le ventre, dans l'espérance que l'ardeur les emportera, et qu'ils outrepasseront la voie; et quand cela est arrivé, il retourne sur ses derrières. Souvent il va chercher d'autres bêtes de son espèce pour s'accompagner. On pourrait croire que c'est l'effet de ce sentiment naturel qui porte à chercher la compagnie pour se rassurer; mais une preuve qu'il a un autre motif, c'est que son association ne dure pas aussi long-tems que le danger. Lorsque la harde à laquelle il s'est mêlé est assez échauffée pour partager le péril avec lui, et que l'ardeur des chiens peut s'y méprendre, il la laisse exposée, et se dérobe par une fuite plus rapide. Le change en résulte souvent, et cette ruse est une de celles dont le succès est le plus assuré.

Entre les animaux dont la manière de vivre est la même, et qui n'ont que des moyens semblables, les plus faibles doivent toujours être les plus rusés, parce que la ruse n'est nécessaire qu'où la force manque. Le daim, qui est à-peu-près de même nature que le cerf, et qui a beaucoup moins de vitesse et de force, emploie, pour se défendre, les mêmes moyens, et les emploie beaucoup plutôt. Le chevreuil se sert aussi des mêmes ruses, et les multiplie encore plus. Son agilité naturelle le servirait bien, s'il n'avait pas le désavantage de laisser des voies chaudes, que les chiens chassent avec beaucoup d'ardeur. Le chevreuil a d'ailleurs, avec une forme extérieure assez ressemblante à celle des deux autres, des inclinations particulières qui annoncent une supériorité d'instinct. Le mâle et la femelle, ordinairement frère et sœur d'une même portée, vivent ensemble et montrent un attachement réciproque qui ne cesse que par la mort de l'un des deux. Cependant ils ne peuvent se servir de rien l'un à l'autre quant aux besoins communs de la vie, et ceux de l'amour ne durent pour eux qu'environ quinze jours par année. Ils ont donc un besoin de s'aimer indépendamment de tout autre. Ils vivent avec leur famille jusqu'à ce qu'elle-même soit en état d'en produire une nouvelle. Ainsi, l'on voit toujours les chevreuils dans une union successivement fraternelle et conjugale, ou bien en famille, c'est-à-dire, le père et la mère avec deux ou trois petits. La tendresse maternelle est à-peu-près la même dans ces trois espèces, et se marque par les mêmes caractères. Inquiétude tendre et courageuse, qui fait courir au-devant des chiens pour les écarter de sa progéniture; fuite simulée d'abord, et retour ensuite lorsque le péril est éloigné; mais par-tout le courage est en raison des moyens et des forces, et les ruses sont en raison de la faiblesse. C'est donc en effet parmi les plus faibles des animaux, organisés pour vivre de la même manière, qu'il faut chercher la plus grande intelligence. Le lièvre, par exemple, auquel la nature a donné des sens moins bons qu'à beaucoup d'autres, a recours, lorsqu'il est chassé, à des ruses qui donneraient de la jalousie à un renard. Le lapin, plus faible encore, annonce une intelligence bien plus étendue, puisqu'il se creuse une demeure, se choisit une compagne, vit en société. Ses intérêts ne sont pas même concentrés dans sa famille, ils s'étendent à toute la république souterraine, à tous les êtres de son espèce qui ont avec lui des rapports de voisinage. Lorsque les lapins sont sortis du terrier pour repaître, ceux d'entre eux que l'expérience a accoutumés à l'inquiétude, partagent toujours leur attention entre le repas qu'ils font et les dangers qui peuvent survenir. S'ils se croient menacés de quelque surprise, ils sonnent l'alarme aux environs, en frappant la terre avec les pattes de derrière, et les terriers retentissent au loin de ces coups redoublés. Toute la peuplade se presse ordinairement de rentrer; mais si quelques lapins plus jeunes et plus imprudens ne cèdent pas aux premiers avertissemens, les vieux restent en frappant toujours, et s'exposent eux-mêmes pour la sûreté publique.

Il me semble, Monsieur, qu'en rassemblant les faits simples que présente la vie commune des différens animaux dont je vous ai parlé, nous avons droit d'en conclure que toutes les espèces ont une faculté qui leur est commune, la sensibilité. Nous pouvons encore ajouter que cette faculté, plus ou moins exaltée par les besoins et les circonstances, produit les différens degrés d'intelligence que nous remarquons, soit dans les espèces, soit dans les individus. Souvent ce qu'on regarde en eux comme sagacité naturelle d'instinct n'est qu'un développement de cet amour de soi qui est un produit nécessaire de la sensibilité. Tout être qui sent, connaît par cela même le plaisir ou la douleur : il desire l'un, et est importuné de l'autre : ses sensations lui donnent la conscience de son existence actuelle ; sa mémoire lui donne celle de son existence passée ; et c'est le caractère de l'affection qu'il éprouve, ou qu'il se rappelle, qui le fait jouir ou souffrir, qui donne l'être à ses desirs ou à ses craintes, et par-là détermine ses actions. Ce qui appartient proprement à l'instinct, dépend entièrement de l'organisation : ainsi, c'est par instinct que le cerf broute l'herbe, et que le renard se nourrit de chair. Mais ce n'est pas à l'instinct, c'est à la faculté de sentir et à ses effets, qu'appartiennent les moyens que ces animaux emploient pour satisfaire les besoins de leur appétit naturel. L'instinct détermine l'objet du desir, le

4 *

desir donne l'attention, l'attention fait remarquer les circonstances, et grave les faits dans la mémoire ; la mémoire des faits donne l'expérience, l'expérience indique les moyens. Si les moyens ont quelque succès, ils constituent la science; s'ils n'en ont point, ils produisent la réflexion, qui combine de nouveaux faits et enfante de nouveaux moyens. Les actions qui sont communes à tous les individus d'une espèce, et qui paraissent la distinguer d'une autre, ne sont pas toujours des effets de l'instinct, c'est-à-dire, d'une inclination sourde, indépendante de l'expérience et de la réflexion. Par exemple, la disposition qui porte les lapins à se creuser un terrier n'est pas purement machinale, puisque ceux qui ont été long-tems domestiques, manquent absolument de cette industrie. Ils ne s'en avisent que quand la nécessité de garantir leur faiblesse du froid et du danger, les a forcés de réfléchir sur les moyens d'y pourvoir. Ce n'est donc pas toujours en vertu d'un instinct supérieur en soi, que nous voyons quelques espèces faire des choses qui annoncent plus de sagacité que n'en montrent quelques autres. Il paraît certain que, si le froid, ou d'autres inconvéniens, ne faisaient pas plus souffrir le lapin que le lièvre n'en est incommodé, cet animal, qui se creuse un terrier, n'en prendrait pas la peine. On fait peut-être honneur à son industrie de ce qui n'est dû qu'à sa faiblesse. Mais lorsque le besoin a conduit une espèce d'animaux à une découverte de cette nature, ce premier pas fait, il doit en résulter une foule d'idées successives, qui élèvent cette espèce fort au-dessus des autres. Travailler de concert à se loger et habiter ensemble, c'est un nouvel ordre de choses qui devient bien fécond pour des êtres sensibles qui erraient auparavant sans demeure. Il est impossible que l'idée de propriété ne naisse pas de la peine qu'a causé le travail joint au sentiment de son utilité, et que la cohabitation n'établisse pas des rapports de voisinage. L'idée de propriété est certaine chez les lapins. Les mêmes familles occupent les mêmes terriers sans en changer, et la demeure s'étend lorsque la famille augmente. Nous avons vu qu'ils prennent un intérêt vif et courageux à tous ceux de leur espèce. La vieillesse et la paternité sont fort respectées parmi eux. Par ce qu'on voit, il est vraisemblable que, si l'on pouvait juger de l'économie domestique de ce peuple souterrain, on y trouverait autant d'ordre qu'on croit en remarquer parmi les abeilles.

Quoique les animaux doivent principalement à leurs besoins la plupart de leurs inventions, il paraît cependant que ceux qui sont plus heureusement organisés doivent avoir plus d'industrie, relativement à ceux de leurs sens qui sont les meilleurs. Il est vraisemblable que l'aigle, par exemple, a, pour les idées qui dérivent du sens de la vue, beaucoup d'avantage sur le lièvre qui a les yeux assez mauvais. Nos métaphysiciens paraissent s'accorder assez sur ce que les jugemens de l'œil ont besoin d'être rectifiés par le toucher. Ce sont nos mains, disent-ils, qui nous apprennent à distinguer les formes, et nos pieds qui nous mettent dans le cas de juger à l'œil des distances. A l'égard des distances, les quadrupèdes ont autant que nous la faculté d'en juger par le toucher, puisqu'ils parcourent des intervalles. Ils ont même, pour la plupart, dans un odorat exquis, une espèce de toucher très-fin qui assure le jugement de leurs yeux : mais il me paraît que sans le toucher ils savent très-bien distinguer les formes, et que, si on leur en présente d'illusoires, l'illusion ne dure pas long-tems, quoiqu'ils ne touchent point. Pour ce qui est des oiseaux, ils évaluent très-sûrement les distances sans avoir besoin du toucher. Un faucon, qui du haut des airs fond sur une perdrix qui vole, a besoin d'évaluer juste, et la distance à laquelle il est de sa proie, et le tems qu'il lui faut pour la parcourir, et le chemin que fera la perdrix pendant ce tems; car, si quelqu'une de ces conditions n'était pas évaluée, il ne tomberait pas juste, et manquerait son coup. Il est vraisemblable que ceux qui perdent quelque avantage sur un sens, le regagnent sur les autres, comme nous voyons parmi nous les aveugles avoir l'ouie et le toucher supérieurs à ceux qui voient, soit que la nature ait proportionné la finesse des sens à l'intérêt de l'animal, ou que cet intérêt lui-même rende le sens meilleur par le fréquent exercice.

Quoiqu'il en soit, lorsqu'on ne s'arrête pas à la première vue, et qu'on observe avec attention, on est tenté de croire que l'inégalité fondamentale d'intelligence, n'est pas considérable entre les animaux des différentes espèces. La faculté de sentir, qui est commune à toutes, est plus habituellement développée dans quelques-unes; mais il y en a d'autres auxquelles il paraît ne manquer que des circonstances et des besoins, pour amener ce développement. L'organisation borne sans doute, à quelques égards, l'exercice de l'intelligence naturelle aux animaux, et détermine les effets de leur faculté de sentir. C'est en conséquence des besoins et des moyens donnés par l'organisation, que l'un acquiert le génie de la fuite, l'autre celui de la rapine. Si les végétaux manquent à un animal frugivore, la conformation de ses dents et sa répugnance pour la chair, ne lui laissent point de ressource, et le plus haut degré d'intelligence ne l'empêcherait pas de mourir de faim. L'industrie est alors bornée par l'impossibilité. Pour décider cette question de l'inégalité fondamentale d'intelligence entre les différentes espèces d'animaux, question qui n'en est pas une pour ceux qui n'ont regardé que superficiellement, il faudrait savoir si la faculté de sentir peut avoir des degrés; si l'huître, par exemple, est, de sa nature, moins susceptible que telle autre espèce des impressions du plaisir et de la douleur. Il est impossible de prononcer là-dessus, parce que les sensations sont absolument incommunicables, et que l'action peut bien indiquer leur caractère, mais ne peut pas représenter leur intensité. Cependant nous ne pouvons pas douter qu'il n'y ait de l'inégalité dans la manière dont un être peut sentir en différens momens, puisque l'action des mêmes objets est différente sur nous en raison de nos dispositions. Delà on peut inférer que des espèces entières n'exercent leur faculté de sentir qu'à différens degrés d'intensité. Presque tous les animaux qui vivent d'herbe, passent une partie de leur vie dans un état qui paraît être celui d'une torpeur habituelle : la vie des carnassiers est beaucoup plus occupée et plus active; mais les uns et les autres trouvent leur bonheur dans l'exercice de leurs facultés naturelles, et il n'y a que très-peu d'espèces qui paraissent éprouver quelque besoin d'agitation et de mouvement, indépendamment de leur simple appétit. Cette disposition au repos est peut-être ce qui empêche, en partie, les espèces de se perfectionner autant que leur organisation pourrait le permettre. Je tâcherai,

Monsieur, dans un autre moment, de rassembler quelques réflexions que j'ai faites là-dessus. Elles nous conduiront à reconnaître quelles sont les circonstances et les conditions nécessaires pour que la perfectibilité naturelle aux animaux se développe.

J'ai l'honneur d'être, etc.

LETTRE IV.

Nous avons reconnu, Monsieur, en parcourant la vie journalière de quelques animaux qu'ils sont doués de la sensibilité et de la mémoire, de la faculté de saisir des rapports et de juger, du pouvoir de réfléchir sur leurs actes, etc., nous ne pouvons pas douter que l'usage de ces facultés ne s'applique à plus ou moins d'objets, en raison des occasions et des besoins. Nous sommes forcés d'avouer qu'on ne peut pas fixer la mesure de l'intelligence des différentes espèces de bêtes, puisqu'elle dépend des circonstances, qu'elle s'étend toujours lorsqu'elle est mise en action par la nécessité, et qu'elle ne se resserre, que par le défaut d'exercice.

D'après ces faits incontestables, il semble qu'on devrait remarquer dans les bêtes quelques progrès généraux d'intelligence. La perfectibilité, attribut nécessaire de tout être qui a des sens et de la mémoire, devrait se développer lorsque les circonstances sont favorables, et par degrés élever quelques espèces à un état supérieur. On les verrait alors policées dans un lieu, plus ou moins sauvages dans un autre, montrer dans les mœurs des différences marquées : c'est ce que nous n'appercevons pas. Si l'on n'était pas forcé d'ailleurs d'admettre dans les bêtes la faculté de se perfectionner, l'inutilité constante dont elle paraît, ferait presque douter de son existence; mais en y réfléchissant un peu, il est aisé de sentir d'abord que nous ne sommes pas juges compétens des progrès de ces êtres, si différens de nous à beaucoup d'égards, et qu'ils pourraient en avoir fait de fort étendus, sans qu'il nous fût possible de les appercevoir. Nous pouvons nous assurer ensuite que le pouvoir naturel de se perfectionner, doit être aidé de tant de conditions et de moyens extérieurs que les bêtes ne réunissent point, qu'avec la qualité d'êtres perfectibles elles ne doivent pas en effet se perfectionner beaucoup. Que nous ne soyons pas juges compétens des progrès des bêtes, cela me paraît incontestable. En voyant quelques-unes de leurs actions, nous observons quel chemin leur intelligence a dû parcourir pour arriver à la détermination qui les produit. Nous distinguons ce qui appartient à la perception simple, au jugement, à la réflexion, etc. Nous pouvons démêler quelques-uns de leurs desseins, pénétrer dans les motifs qui déterminent leurs mouvemens décidés, parce que ces motifs sont les causes essentielles et nécessaires des mouvemens que nous appercevons. Mais si nous voyons clairement l'intention de l'hirondelle lorsqu'elle travaille à construire son nid, nous ne pouvons pas savoir si le tems n'a pas perfectionné son architecture, si l'expérience n'ajoute pas de l'élégance ou de la commodité à cette construction. Nous n'avons pas les moyens de juger de ce qui est grace ou commodité pour elle. En général, dans tous ces ouvrages qui ont un objet commun et qui nous sont aussi peu familiers, nous ne pouvons être frappés que d'une ressemblance grossière qui nous fait conclure l'uniformité absolue.

Il est vraisemblable que les bêtes n'apperçoivent non plus aucune différence entre nos palais et nos chaumières ; que l'aigle ne distingue pas, dans les mouvemens des différens peuples sur lesquels elle plane, les degrés de police auxquels ils peuvent être parvenus. Une horde de sauvages errans autour de ses cabanes, et une troupe de savans dans une ville bien bâtie, doivent lui paraître également des êtres qui marchent sur leurs pieds, et qui s'agitent à-peu-près de la même manière. Il est impossible même qu'en observant la plupart des espèces de bêtes, nous jugions de tous les progrès particuliers qu'ont pu faire quelques individus. Les principaux instrumens des idées qu'elles acquièrent sont précisément ceux auxquels nous devons nous-mêmes le moins d'idées. Nous ne pouvons donc pas connaître les élémens qui entrent pour elles dans la composition de toute idée complexe, parce que nous n'avons pas au même degré les sensations prédominantes dont elle est composée. De-là il doit résulter une entière différence entre le système total de leurs connaissances et celui des nôtres. Par exemple, les idées acquises par l'odorat n'influent presque en rien sur nos habitudes ni sur nos progrès. Mais si nous considérons ce sens tel qu'il est pour les animaux carnassiers, c'est-à-dire comme un organe principal, comme un toucher très-fin qui les instruit, à de grandes distances, des rapports que les objets peuvent avoir avec leur conservation, nous verrons qu'il nous est impossible d'atteindre à toutes les connaissances que ces animaux peuvent acquérir par le secours de leurs nez. Si nous décidons de l'ensemble de celles de leurs idées dans lesquelles la sensation de l'odorat entre comme élément principal, nous tomberons dans le cas d'un aveugle qui voudroit juger des progrès de la peinture.

Il est donc certain que les bêtes pourraient avoir fait des progrès, sans que nous fussions capables de les sentir; mais il est vraisemblable qu'elles n'en ont pas fait beaucoup, et même qu'elles n'en feront jamais. Elles manquent, et d'un intérêt assez actif, et de quelques-unes des conditions sans lesquelles il paraît impossible que la perfectibilité ne reste pas inutile.

Premièrement, les animaux n'ont point d'intérêt à faire des progrès. Nous avons vu, Monsieur, dans les lettres précédentes, que leur manière de vivre habituelle consiste dans la répétition d'un petit nombre d'actes fort simples qui suffisent à tous leurs besoins. Ceux dont le penchant à la rapine tient l'industrie éveillée, ou que des dangers multipliés forcent à une attention presque continuelle, acquièrent à la vérité des connaissances plus étendues que les autres; mais, comme ils ne vivent point en société, cette science presque individuelle, ne se transmet du moins qu'à un petit nombre dans l'espèce. Ils sont forcés d'ailleurs de partager leur vie entre l'agitation et le sommeil. Les animaux qui paraissent vivre en société, ou sont rassemblés par la crainte, sentiment peu fécond en progrès, ou n'ont qu'une société passagère, ou ne sont d'aucune utilité les uns aux autres pour la recherche des besoins de la vie ; ou bien, mis sans cesse en péril par l'homme, ils n'ont qu'une association précaire, toujours troublée ou prête à l'être, et qui ne peut comporter de projet que celui d'agir ensemble dans l'instant, sans rien méditer pour l'avenir. De ce que nous ne voyons pas faire aux bêtes des progrés sensibles, il faut donc se garder de conclure qu'elles ne sont pas douées de la perfectibilité. Un homme qui serait né sans yeux et sans mains, aurait au-dedans de lui le pouvoir d'acquérir de nouvelles idées sans en avoir les moyens extérieurs. Même avec le secours de tous leurs sens, les hommes continuellement occupés à pourvoir à leurs besoins de première nécessité, restent dans le cercle étroit des connaissances qui y sont immédiatement relatives. Ils n'acquièrent qu'un nombre d'idées plus borné que n'en paraissent avoir quelques individus dans certaines espèces d'animaux.

Il est nécessaire que beaucoup de conditions servent la perfectibilité ; et sans elles, les êtres qui auroient les plus grands progrès en puissance, ne les réaliseraient jamais. La société, le loisir, les passions factices qui naissent de l'un et de l'autre, l'ennui, qui est un produit des passions et du loisir, le langage, l'écriture qui suppose l'usage des mains, sont autant de moyens nécessaires, sans lesquels on ne doit pas attendre de progrès sensibles de la part des êtres les plus intelligens. Or, il faut voir si les bêtes ont toutes ces conditions, et de quelle importance sont celles dont elles pourraient manquer.

Il y a sans doute plusieurs espèces qui paraissent vivre en société; mais, en examinant le caractère de leur association, il est aisé de voir qu'elle ne peut pas être féconde en progrès. Tous les frugivores qui vivent ainsi, paraissent rassemblés uniquement par la frayeur qui les oblige à se tenir près les uns des autres pour se rassurer un peu. Mais le sentiment commun qui les réunit n'établit entre eux aucun rapport actif d'utilité réciproque, même relativement à son objet. S'ils craignent moins lorsqu'ils sont ensemble, ils n'en sont pas plus redoutables à leurs ennemis. Un chien seul disperse cette timide association, dont l'union ne peut pas augmenter les forces. Les autres détails de leur vie tendent à dissoudre plutôt qu'à resserrer la liaison qui pourrait se former entre eux. Ils broutent ensemble l'herbe qui leur est nécessaire à tous. Cette action simple peut produire une rivalité dans le cas de disette, et ne peut jamais amener un secours mutuel. Un cerf ne peut rien attendre de son voisin, et il peut craindre qu'il ne lui enlève la moitié de sa nourriture. Il n'y a donc pas de société proprement dite entre ces animaux. Ceux mêmes qui paraissent se tenir unis par le projet de la défense commune, et auxquels le secours mutuel de leurs forces et de leur courage fait sentir l'avantage de la société, les sangliers, par exemple, sentent aussi combien pour se nourrir aisément il est désavantageux d'être en troupe. Dès que les mâles ont atteint l'âge de trois ans, et que leurs défenses ayant pris leur accroissement, les mettent dans le cas de compter sur leurs forces, ils se séparent et vivent seuls : on ne voit en troupe que les femelles, qui sont moins heureusement armées, avec les jeunes mâles. Les lapins vivent en société ; mais si ces animaux foibles et timides acquièrent, quant à leur sûreté, toutes les connaissances qu'ils peuvent obtenir de leur organisation, ils sont dominés par une inquiétude continuelle, trop occupante pour laisser beaucoup de tems à la reflexion. Cependant, si nous pénétrons dans l'intérieur de leurs habitations, nous pouvons remarquer l'art de la distribution dans leurs logemens, et un ensemble de précautions qui les mettent à l'abri des accidens qui les menacent. Les terriers sont ordinairement placés de manière à n'être pas exposés aux inondations : l'entrée masque en partie l'intérieur du domicile ; la multiplicité des chambres qui se communiquent, et les détours des corridors, lassent et rebutent souvent le furet qui pénètre dans la demeure. Le lapin, assez instruit pour préférer de se laisser tourmenter dans son terrier, au péril qu'il courrait à en sortir, trouve un asile presque assuré dans ce labyrinthe. Mais d'ailleurs ces animaux, forcés de brouter l'herbe où elle se trouve, ne peuvent être d'aucune utilité les uns aux autres, quant à la recherche des besoins de la vie.

Les animaux carnassiers ne vivent guère en société : leur voracité naturelle et la disette de proie les obligent de s'éloigner les uns des autres. Deux louves, deux oiseaux de proie, ne s'établissent avec leur famille qu'à une certaine distance, proportionnée à l'étendue de pays qui leur est nécessaire pour subsister. Loin de vivre en société, lorsqu'il y a concurrence et rencontre, il s'en suit presque toujours un combat, à la fin duquel le plus faible est forcé de s'éloigner.

Il y a quelques espèces d'animaux, que leur organisation et leur instinct portent à travailler ensemble au bien commun : tels sont les castors. Il est impossible de prévoir sûrement à quel degré s'élèverait leur intelligence, si on les laissait se multiplier tranquillement et jouir des résultats de leur association. Mais ce malheureux avantage qu'ils ont d'être utiles à l'homme fait qu'on a songé beaucoup plus à les chasser qu'à les observer. A peine leur laisse-t-on commencer quelques habitations qu'elles sont bientôt démembrées. Ils n'ont point de loisir, puisqu'ils sont continuellement occupés d'une crainte qui ne laisse aucun exercice à la curiosité.

Il ne suffit pas que des animaux vivent rassemblés, pour qu'ils aient une société proprement dite et féconde en progrès. Ceux mêmes qui paraissent se réunir par une sorte d'attrait, et goûter quelque plaisir à vivre les uns près des autres, n'ont point la condition essentielle de la société, s'ils ne sont pas organisés de manière à se servir réciproquement pour les besoins journaliers de la vie. C'est l'échange des secours, qui établit les rapports qui constituent la société proprement dite. Il faut que ces rapports soient fondés sur différentes fonctions qui concourent au bien commun de l'association, et dont le partage rende, à chacun des individus, la vie plus facile, aille à l'épargne du tems, et produise par conséquent du loisir pour tous; alors l'utilité générale des offices que les individus ont choisis, devient une mesure commune de leur mérite. L'émulation s'établit par l'habitude qu'ils prennent de se comparer entre eux, et elle enfante des efforts. Ceux qui se sentent trop faibles pour être, veulent du moins paraître ; et là commence le règne des passions factices, qui sont le produit de la société et du loisir.

Les bêtes n'ayant, comme nous l'avons vu, ni société proprement dite, ni loisir, n'ont point de passions factices ; elles n'ont point de ces besoins de convention, qui deviennent aussi pressans que les besoins naturels, sans pouvoir être satisfaits comme eux, et qui, par cela même, tiennent l'intérêt, l'attention, et l'activité des individus, dans un exercice continuel. La nécessité d'être émus, d'être vivement avertis de notre existence, qui se fait sentir en nous dans l'état de veille et d'inaction, est en grande partie la cause de nos malheurs, de nos crimes et de nos progrès. C'est un besoin toujours agissant, qui s'irrite par les secours même qu'on lui donne, parce que le souvenir d'une émotion forte rend insipides la plupart de celles qui n'ont pas le même degré de force. De-là cette ardeur à chercher toutes les scènes de mouvement, tous les genres de spectacles d'où peut résulter une impression attachante et vive ; de-là aussi ce mal-aise de curiosité qui nous force à chercher au-dedans de nous-mêmes, par la méditation, une occupation qui nous intéresse. Les bêtes ne connaissent point cet état qui fait le tourment de l'homme oisif et policé. Elles ne sont excitées à l'attention que par les besoins de l'appétit, ceux de l'amour, et la nécessité d'éviter le péril. Ces trois objets occupent la plus grande partie de leur tems, et elles passent le reste dans un état de demi-sommeil, qui ne comporte ni l'ennui, ni la curiosité stimulante que nous éprouvons. Les moyens qu'elles ont pour se procurer leur nourriture et pour échapper au danger, sont bornés par leur organisation. Il leur serait impossible d'en inventer d'autres, parce que les moyens de fabriquer des instrumens leur sont interdits par la Nature : elles n'ont de ressource que dans leur industrie et dans leurs armes naturelles ; et nous avons vu que quand elles sont excitées et instruites par les circonstances et les difficultés, l'homme du plus grand génie n'aurait rien à leur apprendre. D'ailleurs, les bêtes sont naturellement vêtues ; et ce premier besoin de l'homme doit avoir été, dans l'origine, le motif intéressant qui l'a excité à beaucoup de recherches. Les peuples qui peuvent se passer d'habits, sont en général plus stupides que les autres, parce qu'ils manquent d'un besoin qui devient bientôt la source d'un grand nombre d'inventions et d'arts.

Je m'arrèterai ici, et je me réserve de vous parler, dans une autre lettre, de l'influence de l'amour sur la perfectibilité des animaux.

LETTRE V.

QUELQUE vive que soit la passion de l'amour, quelque agissant que soit le caractère avec lequel elle se produit dans les bêtes, elle ne saurait être pour elles le principe de progrès fort étendus. Dans les espèces où les mâles se mêlent indifféremment avec toutes les femelles, on voit une rivalité réciproque et générale dans le tems où le besoin de jouir se fait vivement sentir à tous. Mais la question doit être bientôt décidée par la force. Le faible ne peut que fuir et laisser le vainqueur en possession de sa conquête.

Dans les espèces qui s'accouplent, sur quelques motifs que se fonde le choix de deux individus, il est certain que ce choix a lieu; l'idée de propriété réciproque s'établit, le moral s'introduit dans l'amour, et la jalousie devient profonde et raisonnée. Les femelles, qui sont toujours souveraines dans les détails de cette passion, parce que ce sont elles qui accordent, acquièrent supérieurement l'art d'irriter les desirs du mâle en flattant, en caressant, en refusant, en multipliant les agaceries tantôt sourdes, tantôt ouvertes. Elles apprennent à dissimuler leurs propres dispositions, ou du moins à en masquer la vivacité. Dans le tems où elles cèdent avec emportement à leurs propres desirs, elles donnent encore à leurs faveurs l'air de la complaisance et du sacrifice. La coquetterie n'est point une invention particulière à l'espèce humaine. Elle appartient à toutes celles des bêtes qui font un choix. Mais cet art dépendant de l'amour, ne peut pas être pour elles bien fécond en progrès, puisque la passion même ne les occupe tout au plus qu'un quart de l'année. Le besoin cesse, et son anéantissement total amène bientôt l'oubli de toutes les différentes idées dont il avait été l'occasion. Ce n'est que pour l'homme, et sur-tout pour l'homme oisif et civilisé, que l'amour peut devenir un principe d'activité permanente, et par conséquent une source de progrès de toute espèce. Il en est occupé toute l'année, parce que les idées de convention, se joignant au sentiment naturel, lui donnent un degré de force auquel il n'atteindrait pas s'il était seul, et même y ajoutent des accessoires qui le perpétuent. Non-seulement l'attrait réciproque et le choix établissent l'idée de propriété ; mais la vanité vient à l'appui, et elle exagère le prix de ce qu'on regarde comme à soi. Une estime profonde pour l'objet aimé ajoute ensuite à celle qu'on a pour soi-même. Elle imprime sur ce système d'idées et de sentimens réunis un vernis d'excellence et de dignité qui les rend plus imposans pour celui même qui en est affecté ; d'où résulte une foule de mouvemens, dont la force et la continuité donnent de l'énergie à l'ame et la rendent capable des plus grands efforts. Les bêtes sont privées de ce ressort toujours agissant ; ni leurs appétits, ni leur société, ni leurs passions naturelles, ne leur fournissent des motifs ou des moyens suffisans pour qu'elles puissent se perfectionner beaucoup. A l'égard des passions factices, on voit qu'elles ne doivent pas les connaître ; et en effet elles n'en ont point, si ce n'est l'avarice, qu'on remarque dans quelques espèces. Mais, comme cette passion ne peut avoir pour elles que des objets périssables, elle se borne nécessairement à l'amas et à l'épargne pendant un certain tems. Elle ne suppose qu'une prévoyance simple et sans complication. Elle ne comporte point de réflexions profondes sur les moyens d'acquérir, parce qu'il n'en est qu'un pour elles. L'avarice n'est dans les bêtes qu'une conséquence de la faim précédemment sentie. La plus légère réflexion sur les inconvéniens de ce besoin produit une prévoyance commune à tous les animaux qui sont exposés à manquer : les carnassiers cachent et enterrent les restes de leur proie, pour les retrouver dans le cas de nécessité. On pourrait honorer ce soin du nom de prudence, si ces animaux n'excédaient pas toutes les bornes des besoins possibles lorsqu'ils en trouvent l'occasion. C'est cette profusion inutile qui donne à leur prévoyance le caractère de l'avarice. Parmi les frugivores, ceux qui sont organisés de manière à emporter les graines qui leur servent de nourriture, font des provisions, qu'ils ont soin d'épargner tant qu'elles ne leur sont pas nécessaires. Tels sont les rats de campagne, les mulots, etc. ; mais, comme leur disette ne peut durer que quelques mois de l'année, leur prévoyance ne peut avoir ce caractère de perpétuité qu'a celle de nos avares, qui, constamment occupés du même objet, s'accoutument à ne plus voir de terme dans l'avenir. S'ils attachent l'idée de propriété à l'amas qu'ils ont fait, cette idée n'est pas durable. Peu de tems après, de nouvelles richesses, qui ne leur ont coûté aucun soin, venant à s'offrir à eux, leur font oublier celles qu'ils avaient accumulées.

De toutes les passions des bêtes, celle qui paraît laisser dans leur mémoire les plus profondes traces, c'est la tendresse maternelle. Cela doit être, parce qu'elle les affecte très-fortement, et que son exercice dure assez long-tems. Elles acquièrent, relativement à l'éducation de leur famille, des idées qui leur deviennent aussi familières que celles qui regardent leur propre conservation individuelle. Une perdrix grise, de quelque expérience, ne choisit pas imprudemment la place de son nid. Elle le place sur un lieu élevé, pour le préserver de l'inondation. Elle a soin qu'il soit environné de ronces et d'épines qui en rendent la vue et l'accès difficiles. Elle couvre ses œufs avec des feuilles lorsqu'elle est forcée de les quitter pour aller manger. En un mot, sa tendre prévoyance se marque de toutes les manières pour une progéniture qu'elle ne connaît pas encore. Lorsque les petits sont éclos, on voit dans la mère, et même dans le père, une activité inquiète et soutenue, une assiduité pénible, et une défense courageuse si la famille est menacée. De cet intérêt si vif et si tendre résulte la connaissance des lieux où la famille doit trouver une nourriture plus abondante, et cette connaissance suppose des observations précédentes, sans lesquelles le choix du lieu ne se ferait pas. Cette passion, qui se marque d'une manière si sensible dans toutes les mères, et que les pères éprouvent aussi dans toutes les espèces où il y a mariage, a des caractères qui méritent d'être observés. Il semble qu'elle excite dans l'animal un intérêt plus vif qu'il ne serait capable de l'éprouver pour lui-même. On voit des oiseaux, lorsque leurs petits sont menacés de périr par le froid et la pluie, les couvrir constamment de leurs ailes, au point qu'ils en oublient le besoin de se nourrir, et meurent souvent sur eux. La faim n'a point dans ces animaux des symptômes d'activité pareils aux mouvemens que leur fait faire le soin de chercher ce qui convient à leurs petits. Le besoin de secours qu'ont ces êtres faibles, semble doubler le courage des parens, et produire ce caractère de chaleur et d'enthousiasme, qui ne calcule pas le péril, ou le méprise. Il est vrai cependant que, si dans ce cas-là toutes les espèces paraissent porter la hardiesse au-delà des moyens qu'elles ont d'échapper au danger, cette hardiesse a réellement des degrés qui sont proportionnés à ces mêmes moyens. La louve et la laie, qui sont douées de force et pourvues d'armes redoutables, deviennent terribles lorsqu'elles ont leurs petits à défendre. Elles se précipitent avec fureur pour les arracher à ceux qui les feraient fuir sans difficulté, s'ils ne leur enlevaient que leur nourriture, même dans le cas de l'extrême faim. De toutes les douleurs, la plus cuisante et la plus profonde paraît être celle d'une mère lorsqu'elle entend les cris de sa progéniture. La biche, naturellement faible et timide, vient aussi dans le même cas s'offrir courageusement au péril; mais, trahie bientôt par son impuissance, sa témérité cède à la nécessité de fuir. Malgré ces différences, il est aisé d'observer que, dans presque toutes les espèces, le courage des mères est porté au-delà du soin de leur propre conservation. On peut en conclure que les passions, parvenues au dernier degré d'activité, produisent l'excès, et que la rapidité des mouvemens qu'elles excitent dans les êtres sensibles les emporte au-delà de ce qui paraît devoir être la borne naturelle du sentiment. Jusqu'à un certain point elles éclairent ; par exemple, la fureur impétueuse de ces mères est le meilleur moyen qu'elles aient de sauver leur famille, parce que souvent elle en impose à ceux qui la menacent ; mais avec quelques degrés de chaleur de plus, elles s'exposent elles-mêmes sans utilité pour l'objet qu'elles se proposent. Il est certain pourtant que la sensibilité a sa mesure, et que son excès même a ses limites. Dans les espèces de bêtes où la tendresse des parens est vivement concentrée dans les intérêts de la famille, on ne voit point d'affection qui s'étende à l'espèce ; on remarque même une haine décidée pour ceux de l'espèce qui ne sont pas de la famille. Dans les lieux où l'abondance du gibier rend la nourriture rare, la perdrix, qui est très-soigneuse et très-agissante pour l'intérêt de ses petits, poursuit et tue impitoyablement tous ceux qui ne lui appartiennent pas, lorsqu'ils viennent croiser ses recherches. La poule faisane a beaucoup moins d'empressement pour rassembler ses enfans et les retenir près d'elle. Elle abandonne, sans beaucoup d'inquiétude, ceux qui s'égarent et la quittent ; mais en même-tems elle est douée d'une sensibilité plus générale pour tous les petits de son espèce : il suffit de la suivre pour avoir droit à ses soins, et elle devient la mère commune de tous ceux qui ont besoin d'elle. Parmi nous, on ne doit pas attendre des sentimens aussi chauds, une occupation aussi constante, des détails de tendresse aussi intéressans de la part de ces ames cosmopolites, dont la vaste sensibilité embrasse l'univers. La paternité, la parenté, l'amitié, l'amour même, tous ces liens, si forts pour les hommes plus concentrés, se relâchent à mesure que les affections s'étendent. Ce qu'il y a de plus avantageux est peut-être de vivre en société avec les amis du genre humain, et en intimité avec ceux pour qui le genre humain est un peu moins que leurs amis.

Quoiqu'en général les bêtes s'occupent vivement du soin de leur famille, et que les idées relatives à cet objet laissent des traces assez profondes dans leur mémoire, on voit pourtant qu'il ne doit pas en résulter des progrès bien suivis dans les espèces, parce que ces soins ne durent pas plus long-tems que le besoin, que la race nouvelle est bientôt adulte, et que l'amour dissout au bout de quelques mois cette société passagère, pour donner naissance à d'autres familles. Nous voyons que les bêtes, quoique perfectibles, n'ont pas même dans leurs passions les plus vives, des motifs assez constamment intéressans pour qu'elles puissent s'élever à de grands progrès. Elles ne peuvent tirer à cet égard presque aucun secours, ni de la nature de leur société, lorsqu'elles en ont, ni des motifs qui les rassemblent, ni du loisir qu'elles n'ont pas, ni de l'ennui, qui n'est qu'une suite du loisir. Elles manquent donc de la plus grande partie des conditions qui servent la perfectibilité. Il faut voir encore si elles ont entre elles la communication des idées, et le langage articulé qui est si nécessaire.

Nous ne remarquons dans les bêtes que des cris qui nous paraissent inarticulés; nous n'entendons que la répétition assez constante des mêmes sons. D'ailleurs, nous avons quelque peine à nous représenter une conversation suivie entre des êtres qui ont un museau allongé ou un bec. De ces préjugés, on conclut assez généralement que les bêtes n'ont point de langage proprement dit, que la parole est un avantage qui nous est particulier, et que c'est l'expression privilégiée de la raison humaine. Nous sommes trop supérieurs aux bêtes, pour chercher à méconnaître ou à nous déguiser ce dont elles jouissent ; et l'apparente uniformité des sons qui nous frappent ne doit point nous en imposer. Lorsqu'on parle en notre présence une langue qui nous est étrangère, nous croyons n'entendre que la répétition des même sons. L'habitude, et même l'intelligence du langage, nous apprennent seules à juger des différences. Celles que les organes des bêtes mettent entre elles et nous, doit nous rendre encore bien plus étrangers à elles, et nous mettre dans l'impossibilité de reconnaître et de distinguer les accens, les expressions, les inflexions de leur langage. Les bêtes parlent-elles ou non ? C'est une question qui doit se résoudre par la solution de deux autres. Ont-elles ce qui est nécessaire pour parler ? Peuvent-elles, sans parler, exécuter ce qu'elles exécutent ? Le langage ne suppose qu'une suite d'idées et la faculté d'articuler. Nous avons reconnu, Monsieur, sans pouvoir en douter, dans les lettres précédentes, que les bêtes sentent, comparent, jugent, réfléchissent, concluent, etc. ; elles ont donc, en ſait d'idées suivies, tout ce dont on a besoin pour parler. A l'égard de la faculté d'articuler, la plupart n'ont rien dans leur organisation qui paraisse devoir les en priver. Nous voyons même des oiseaux, d'ailleurs si différens de nous, parvenir à former des sons articulés entièrement semblables aux nôtres. Les bêtes ont donc toutes les conditions qui sont nécessaires au langage. Mais si nous suivons de près le détail de leurs actions, nous voyons de plus qu'il est impossible qu'elles ne se communiquent pas une partie de leurs idées, et qu'elles ne le fassent pas par le secours des mots. Nous sommes assurés qu'elles ne confondent pas entre elles le cri de la frayeur avec le cri qui exprime l'amour. Leurs diverses agitations ont des intonations différentes qui les caractérisent. Si une mère effrayée pour sa famille n'avait qu'un cri pour l'avertir de ce qui la menace, on verrait à ce cri la famille faire toujours les mêmes mouvemens. Mais, au contraire, ces mouvemens varient suivant les circonstances. Tantôt c'est précipiter la fuite, tantôt c'est se cacher, une autre fois ce sera de se présenter au combat. Puisqu'en conséquence de l'ordre donné par la mère, les actions sont différentes, il est impossible que le langage ne l'ait pas été. Peut-on dire que les expressions ne soient pas fort diversifiées entre un mâle et une femelle pendant la durée de leur commerce, puisqu'on remarque clairement entre eux mille mouvemens de différente nature? Empressement plus ou moins marqué de la part du mâle ; réserve mêlée d'agaceries de la part de la femelle ; refus simulés, emportemens, jalousies, brouilleries, raccommodement. Pourrait-on croire que des sons qui accompagnent tous ces mouvemens ne sont pas variés comme les situations qu'ils expriment ? Il est vrai que le langage d'action est d'un très-grand usage parmi les bêtes, et qu'il est suffisant pour qu'elles se communiquent la plus grande partie de leurs émotions. Ce langage, familier à ceux qui sentent plus qu'ils ne pensent, fait une impression très-prompte, et produit presque dans l'instant la communication des sentimens qu'il exprime ; mais il ne peut pas suffire dans toutes les actions combinées des bêtes qui supposent concert, convention, désignation de lieu, etc. Deux loups qui, pour chasser plus facilement ensemble, se sont partagé leurs rôles, dont l'un est allé attaquer la proie pendant que l'autre s'est chargé de l'attendre à un lieu donné pour la pousser avec des forces fraiches, n'ont pas pu agir ensemble avec tant de concert sans se communiquer leur projet, et il est impossible qu'ils l'aient fait sans le secours d'un langage articulé.

L'éducation des bêtes s'accomplit en grande partie par le langage d'action. C'est l'imitation qui les accoutume à la plupart des mouvemens qui sont nécessaires à la conservation de la vie naturelle de l'animal. Mais lorsque les soins, les objets de prévoyance et de crainte se multiplient avec les dangers, ce langage n'est plus suffisant ; l'instruction devenant plus compliquée, les mots deviennent nécessaires pour la transmettre : sans une langue articulée, l'éducation d'un renard ne pourrait pas se consommer. Il est certain, par le fait, qu'avant d'avoir pu s'instruire par l'expérience personnelle, les jeunes renards, en sortant du terrier pour la première fois, sont plus défians et plus précautionnés dans les lieux où on leur fait beaucoup la guerre, que les vieux ne le sont dans ceux où l'on ne leur tend point de piéges. Cette observation, qui est incontestable, démontre absolument le besoin qu'ils ont du langage : car comment, sans cela, pourraient-ils acquérir cette science des précautions qui suppose une suite de faits connus, de comparaisons faites, de jugemens portés? Il paraît donc qu'il est absurde de douter que les bêtes aient entre elles une langue, au moyen de laquelle elles se transmettent les idées dont la communication leur est nécessaire. Mais l'invention des mots étant bornée par le besoin qu'on en a, on sent que la langue doit être très-courte entre des êtres qui sont toujours dans un état d'action, de crainte, ou de sommeil. Ils n'ont à connaître qu'un nombre très-limité de rapports entre eux; et par leur manière de vivre, ils sont absolument étrangers à ces relations multipliées et subtilisées, qui sont le fruit des passions factices, de la société, du loisir et de l'ennui. Il est vraisemblable que la langue est plus étendue entre les animaux carnassiers, beaucoup moins riche entre les frugivores, etc., et que dans toutes les espèces, elle ferait des progrès aussi bien que leur intelligence, si d'ailleurs elles jouissaient des conditions extérieures qui sont nécessaires à ces progrès. Mais le besoin, ce principe de toute activité dans tous les êtres sensibles, retiendra toujours chacune des espèces dans les limites qui lui sont assignées. Tous ces différens ordres d'êtres intelligens et agissans servent à l'ornement de l'univers; et, en cédant chacun à ses affections particulières, ils concourent au dessein inconnu pour nous de celui qui les créa pour sa gloire.

LETTRE VI.

En parcourant, Monsieur, les actes de la vie journalière de quelques animaux sauvages, nous avons vu leurs connaissances s'étendre avec leurs besoins; et leur intelligence, lorsqu'elle est excitée par la nécessité, faire tous les progrès que leur organisation peut comporter. Nous avons remarqué que la perfectibilité, dont les animaux nous paraissent évidemment être doués, n'a guère d'effet que pour les individus; et il nous a été facile de reconnaître les conditions extérieures qui manquent, et seraient nécessaires pour que les espèces pussent faire des progrès sensibles. Ainsi nous avons vu la perfectibilité, qui par elle-même est une qualité indéfinie, resserrée par les bornes de l'organisation et du besoin, afin que chaque espèce restât dans l'ordre où elle a été placée par l'Auteur de la Nature. Si nous jetons un coup-d'œil sur quelques animaux domestiques, nous serons de plus en plus confirmés dans la même opinion. Partout nous verrons la perfectibilité se montrant à découvert, quoique toujours renfermée dans les mêmes limites. M. de Buffon remarque très-bien que ces animaux acquièrent des connaissances que n'ont point ceux qui sont abandonnés à eux-mêmes; mais qu'ils les doivent aux rapports qui s'établissent entre eux et nous. Sur cela il y a deux observations à faire. Puisqu'ils acquièrent, ils ont donc les moyens d'acquérir. Nous ne leur communiquons pas notre intelligence; nous ne faisons que développer la leur, c'est-à-dire l'appliquer à un plus grand nombre d'objets. Mais ces progrès que nous faisons faire aux animaux domestiques restent nécessairement individuels, parce qu'en les instruisant nous les privons de leur liberté, et d'ailleurs ils sont encore bornés par la nature des relations qu'ils ont avec nous.

Il faut lire, Monsieur, dans l'ouvrage même de M. de Buffon, l'intéressante histoire qu'il nous a donnée de l'éléphant. Cet éloquent Naturaliste est entré dans un très-grand détail sur les mœurs de ce singulier animal, qui mérite en effet plus qu'aucun autre une attention particulière. On y voit avec plaisir l'intelligence, le discernement, l'idée même de la justice et l'apparence des vertus, portés à un haut degré. On y peut admirer la docilité à côté du courage, la douceur naturelle, avec le ressentiment des injures, la pitié, la bienfaisance, la reconnaissance. C'est ce qui a fait dire à un grand nombre d'auteurs, qu'il ne manquait à cet animal que l'adoration d'un Dieu, et ce qui en a même porté quelques-uns à lui accorder cette excellente prérogative. Il paraît que l'éléphant doit principalement sa supériorité à l'avantage de sa trompe, qui est pour lui l'organe d'un sentiment exquis, et qui s'applique facilement à un grand nombre d'usages.

Après l'éléphant, le chien paraît être celui des animaux domestiques qui soit le plus susceptible de relations avec l'homme. C'est aussi celui dont les connaissances s'étendent le plus par son commerce avec nous. Cet animal est tellement connu, que son exemple seul aurait dû rejeter bien loin toute idée de l'automatisme des bêtes. Comment, en effet, pourrait-on rapporter à un instinct privé de réflexion les mouvemens variés de cet intelligent animal, que l'homme plie à un si grand nombre d'usages, et qui, conservant jusques dans son assujétissement une liberté sensible, excite dans son maître de tendres mouvemens d'intérêt et d'amitié par sa docilité volontaire ? Suivant les différens usages auxquels on emploie le chien, on voit son intelligence faire des progrès de deux espèces. Les uns sont dûs à l'instruction qu'on lui donne, c'est-à-dire, aux habitudes qu'on lui fait prendre par l'alternative de la douleur et du plaisir. Les autres doivent s'attribuer à l'expérience propre de l'animal, c'est-à-dire, aux réflexions qu'il fait de lui-même sur les faits qu'il remarque et les sensations qu'il éprouve. Mais les uns et les autres de ces progrès se font toujours en proportion des besoins et de l'intérêt qui le forcent à l'attention. Le chien de basse-cour, presque toujours à l'attache, chargé seulement de la fonction d'aboyer les inconnus, reste dans un état de stupidité qui serait à-peu-près le même dans tout autre animal dont l'intelligence n'aurait pas plus d'exercice. Le chien de berger, continuellement occupé d'un office qui exige une activité qu'excite la voix de son maître, montre beaucoup plus d'esprit et de discernement. Tous les faits relatifs à son objet s'établissent dans sa mémoire. Il en résulte pour lui un ensemble de connaissances qui le guident dans le détail, et qui modifient ses actions et ses mouvemens. Si le troupeau passe auprès d'un bled, vous verrez le vigilant gardien rassembler sa troupe, l'écarter du grain qui doit être ménagé, avoir l'œil sur ceux qui voudraient enfreindre la défense, en imposer aux téméraires par des mouvemens qui les épouvantent, et châtier les obstinés auxquels l'avertissement ne suffit pas. Si l'on ne reconnaît pas que la réflexion seule peut être l'origine de cette variété de mouvemens faits avec discernement, c'est-à-dire, en raison des circonstances, ils deviennent absolument inexplicables. Car si le chien n'apprenait pas de son maître à distinguer le grain d'avec la pâture ordinaire du troupeau, s'il ne savait pas que ce grain ne doit pas être mangé, s'il ignorait que la vivacité de ses mouvemens doit être proportionnée à la disposition des moutons qui composent le troupeau, s'il ne reconnaissait pas cette disposition, sa conduite n'aurait point de motif, et il n'aurait point de raison suffisante pour agir.

Mais c'est à la chasse qu'il faut principalement suivre cet animal, pour voir le développement de son intelligence. La chasse est naturelle au chien, qui est un animal carnassier. Ainsi l'homme, en l'appliquant à cet exercice, ne fait que modifier et tourner à son usage une aptitude et un goût que la nature avait donnés à l'animal pour sa conservation personnelle. De-là résulte, dans les actions du chien, un mélange de la docilité acquise par les coups de fouet, et du sentiment qui lui est naturel. L'un ou l'autre de ces deux élémens se fait plus ou moins appercevoir, selon les circonstances qui lui donnent plus ou moins d'activité. La nature est plus abandonnée à elle-même et plus libre dans le chien courant que dans les autres. L'habitude de l'assujétissement le rend attentif jusqu'à un certain point à la voix et aux mouvemens de ceux qui le mènent ; mais, comme il n'est pas toujours sous leur main, il faut que son intelligence agisse d'elle-même, et que son expérience personnelle rectifie souvent le jugement des chasseurs. L'attention qu'on apporte à chasser autant qu'on peut l'animal qu'on a lancé d'abord, à rompre les chiens et les châtier lorsqu'ils sont sur des voies nouvelles, les accoutume peu à peu à distinguer par l'odorat le cerf qu'ils ont devant eux d'avec tous les autres. Mais le cerf, importuné de la poursuite, cherche à s'accompagner de bêtes de son espèce, et alors un discernement plus exquis devient nécessaire au chien. Dans ce cas-là, il ne faut rien attendre de ceux qui sont jeunes. Il n'appartient qu'à l'expérience consommée de porter un jugement prompt et sûr dans cet embarras. Il n'y a que les vieux chiens qui soient ce qu'on appelle *hardis dans le change*, c'est-à-dire, qui démêlent sans hésiter la voie de leur cerf à travers celles de tous les animaux dont il est accompagné. Ceux qui n'ont encore qu'une expérience commencée, donnent au chasseur attentif un spectacle d'incertitude, de recherche et d'activité qui mérite d'être observé. On les voit balancer et donner toutes les marques de l'hésitation. Ils mettent le nez à terre avec beaucoup d'attention, ou bien ils s'élancent aux branches où le contact du corps de l'animal laisse un sentiment plus vif de son passage, et ils ne sont déterminés que par la voix du chasseur, qui les appuie sur la confiance qu'il a lui-même dans les chiens plus confirmés et plus sûrs. Si les chiens, emportés un moment par l'ardeur, outre-passent la voie et viennent à la perdre, les chefs de meute prennent d'eux-mêmes pour la retrouver le seul moyen que les hommes pussent employer. Ils retournent sur les derrières, ils prennent les devants pour rechercher dans l'enceinte qu'ils parcourent la trace qui leur est échappée. L'industrie du chasseur ne peut pas aller plus loin, et à cet égard le chien expérimenté paraît arriver au dernier terme du savoir, c'est-à-dire prendre tous les moyens qui peuvent le conduire au succès.

Le chien couchant a des relations plus intimes et plus continuelles avec l'homme. Il chasse toujours sous ses yeux, et presque sous sa main. Son maître le fait jouir; car c'est une jouissance pour lui que de prendre le gibier dans sa gueule. Il lui rapporte ce gibier; il en est caressé s'il fait bien, gourmandé ou châtié s'il fait mal; sa douleur ou sa joie éclate dans l'un ou l'autre cas, et il s'établit entre eux un commerce de services, de reconnaissance et d'attachement réciproque. Lorsque le chien couchant est jeune encore, mais cependant que les coups de fouet l'ont déjà rendu docile, il n'écoute que la voix du maître et suit ses ordres avec précision. Mais comme il est guidé, pour la chose dont il s'agit, par un sentiment plus fin et plus sûr que l'homme; quand l'âge lui a donné une expérience suffisante, il ne montre pas toujours la même docilité, quoiqu'il en ait en général une plus grande habitude. Si, par exemple, une pièce de gibier est blessée, et que le chien vieux et expérimenté en rencontre sûrement la trace, il ne se laissera pas dévoyer par son maître, dont la voix et les menaces le rappelleront en vain. Il sait qu'il le sert en lui désobéissant; et les caresses qui suivent le succès lui apprennent en effet bientôt qu'il a dû désobéir. Aussi l'usage des chasseurs intelligens est-il de conduire les jeunes chiens, et de laisser faire les vieux. Je ne parcourrai pas, Monsieur, les autres espèces de chiens : il est inutile de s'appesantir sur des faits dont quelques-uns suffisent pour conclure, et qui vont tous au même but. D'ailleurs, chacun peut faire soi-même des expériences sur cet animal, dont l'homme dispose à son gré par l'alternative du plaisir et de la douleur, qui s'attache à l'homme, qui reçoit ses leçons; mais qui, dans le cas où il sent que son expérience personnelle le guide plus sûrement, en donne lui-même à son maître, et résiste avec assurance à la crainte des coups et au pouvoir de l'habitude. Il est vraisemblable que nous devons en partie l'extrême docilité du chien, et la disposition que nous lui voyons à l'assujétissement, à une sorte de dégénération très-ancienne. Du moins il est sûr par le fait que plusieurs qualités acquises se transmettent par la naissance. L'habitude de certaines manières d'être ou d'agir, modifie sans doute l'organisation même, et perpétue ainsi les dispositions, qui alors deviennent naturelles. Mais il n'est guère d'animaux qu'on n'apprivoise jusqu'à un certain point, par l'alternative du plaisir et de la douleur. Ceux mêmes que la nature paraît avoir le plus éloignés de la contrainte, ceux qu'elle a doués des instrumens les plus sûrs de la liberté, comme sont les oiseaux de proie, subissent le joug que le besoin impose à tout être qui sent, et même ils acquièrent en fort peu de tems une docilité qui étonne. On les voit au plus haut des airs écouter la voix du chasseur, se laisser guider par ses mouvemens, lorsqu'une expérience répétée leur a appris que la docilité les conduit sûrement à la proie. Il est impossible de rapporter au pur instinct, c'est-à-dire à une impulsion aveugle et sans réflexion, ces actions des bêtes, dans lesquelles leur instinct est en quelque façon dénaturé. On ne peut assigner aucune cause de leurs mouvemens, sans supposer la réflexion sur des faits précédens. L'éducation des bêtes, sans réflexion de leur part, serait aussi incompréhensible que celle des hommes sans liberté. Toute éducation, quelque simple qu'elle soit, suppose nécessairement le pouvoir de délibérer et de choisir. Voilà, Monsieur, ce dont ne conviennent pas les partisans de l'automatisme des bêtes. Mais, en vérité, ce système ne paraîtrait pas devoir être traité sérieusement, s'il n'y avait pas des personnes qui le soutiennent par des motifs respectables, et qui par-là méritent d'être détrompées. Je vais donc parcourir et examiner quelques-unes de leurs plus fortes objections ou assertions; car ils assurent volontiers ce qui n'est pas, faute d'avoir suffisamment observé.

« Les faits, disent ces Messieurs, ne prouvent rien. Il est bien vrai que les bêtes ont des suites d'actions dont l'apparence indiquerait des vues très-fines et très-compliquées, si elles pouvaient raisonner; des actions que nous, qui raisonnons, ne pourrions faire sans beaucoup de comparaisons, de jugemens, etc. : mais il est clair que c'est-là une faible analogie qui nous trompe, parce qu'il y a d'autres analogies démonstratives qui détruisent celle-là. »

Non, Monsieur, ce n'est point une *faible analogie* qui me porte à croire que les bêtes comparent, jugent, etc., lorsqu'elles font les choses que je ne pourrais pas faire sans comparer et sans juger. J'en ai une certitude directe, une certitude qu'on ne peut infirmer sans détruire en même tems toute règle naturelle de vérité. Je sais qu'à la rigueur nous n'avons de certitude absolue que de nos propres sensations et de notre *conscience*. On fait de très-beaux argumens, auxquels il est difficile de répondre, pour démontrer que nous ne sommes assurés de rien hors de nous. Cependant, je ne pourrais pas m'empêcher de regarder comme absurde quiconque étendrait, d'après cela, son pyrronisme sur toutes les choses dont nous avons une connaissance claire, par l'exercice de nos sens et par notre sentiment même. Du nombre de ces connaissances est sans doute la certitude que nous avons de l'existence de nos semblables, la certitude qu'étant pourvus des mêmes sens, ils reçoivent, par leur usage, des impressions à-peu-près pareilles à celles que nous éprouvons, la certitude qu'ils éprouvent, comme nous, de la douleur lorsqu'ils crient, de la joie lorsqu'ils en montrent le signe, etc. Or je dis, Monsieur, que la certitude que les animaux éprouvent du plaisir et de la douleur, et que leur conduite se règle d'après le souvenir qu'ils ont de ces deux sensations, est absolument du même genre que l'autre; nous n'en sommes assurés dans nos semblables que par les signes qui accompagnent et caractérisent en nous-mêmes ces affections; et nous retrouvons dans les bêtes tous ces mêmes signes. Il n'y a point d'*analogie* qui puisse détruire cette assurance-là. On voudrait donc que Dieu m'eût donné le spectacle d'une infinie variété d'affections sensibles, qu'il m'eût montré dans les animaux les signes visibles de la plupart des impressions que j'éprouve moi-même, et cela pour me tenir dans une illusion perpétuelle, et me leurrer d'une apparence d'intelligence et de sensibilité dans des êtres qui en seraient dépourvus? Je n'en crois rien, et toutes les *analogies* du monde ne m'en feront rien croire, à moins que cela ne devienne un article de foi, après quoi je n'aurai plus besoin d'*analogie*. Jusques-là j'ai le droit de conclure que les bêtes sentent, se ressouviennent, etc., parce que je vois en elles les marques sensibles de ces affections, et que ces marques sont les mêmes que celles qui m'assurent des affections de mes semblables. Lorsque je vois un homme hésiter entre deux actions à faire, délibérer et choisir, je dis qu'il a comparé, qu'il a jugé, et que son jugement a déterminé son choix; lorsque je vois une bête avoir les signes extérieurs de la même hésitation, de la même délibération, je dis aussi, et j'ai droit de dire, qu'elle a comparé, jugé et choisi. « Mais, » *dit-on*, si les bêtes ont cette intelligence, et » sur-tout si elle est susceptible d'accroissement; » — c'est-à-dire, si à deux ou trois idées que les bêtes auront eues d'abord, l'expérience peut en ajouter une quatrième, une cinquième, etc. — « nous devrions pouvoir les instruire de » nos sciences, de nos arts, de nos jeux; et puis- » que nous ne pouvons leur rien enseigner là- » dessus, il est démontré qu'elles n'ont point » d'intelligence. » En vérité de pareilles objections feraient rire, si les personnes qui les font ne montraient pas d'ailleurs beaucoup d'esprit, et ne méritaient pas personnellement des égards. Quoi! nous voyons clairement que l'expérience instruit les bêtes, c'est-à-dire, que leurs actions se modifient en raison de différentes épreuves qu'elles ont été dans le cas de subir, comme les nôtres se modifieraient; nous voyons que, relativement à tous leurs besoins, aux circonstances qui les environnent, aux dangers qu'elles ont à éviter, elles agissent comme les êtres les plus intelligens doivent agir, et nous rejetterions ce genre d'évidence, parce que nous ne pouvons pas instruire les animaux, de tout ce que nous voudrions leur apprendre? Mais pourquoi voudrions-nous qu'elles apprissent ce qu'elles n'ont aucun intérêt de savoir, ce qui est étranger à leurs besoins, et par conséquent à leur nature? D'ailleurs, que sait-on? peut-être nous y prenons-nous mal. Si nous vivions en société avec des castors, et qu'au lieu de détruire, nous protégeassions leurs travaux; si, avec cela nous mettions sous leurs yeux des modèles proportionnés à leur organisation et à leurs besoins, peut-être au bout de mille ans (car les arts se perfectionnent lentement), leur aurions-nous appris à décorer l'extérieur de leurs cabanes, et à rendre l'intérieur encore plus commode. Mais en attendant, de ce que les bêtes apprennent ce qui leur est nécessaire, nous aurions tort de conclure qu'elles doivent apprendre ce qui leur est inutile. « Mais, » *insiste-t-on*, les bêtes exécutent certaine» ment sans réflexion les plus ingénieux de » leurs ouvrages. C'est sans réflexion que les » hirondelles construisent leurs nids ; les abeilles, » leurs ruches, etc. Or, si les ouvrages les » plus ingénieux sont exécutés sans réflexion, » il est clair que les autres actions n'en sup» posent pas davantage. » Quand bien même le fait principe seroit vrai, c'est-à-dire, quand les bêtes feraient, machinalement et sans réflexion, certains ouvrages, on n'aurait pas le droit d'en rien conclure contre celles de leurs actions, dans lesquelles la réflexion se fait clairement appercevoir. Mais rien n'est plus faux que ce fait qu'on allègue. Une preuve certaine que les ouvrages dont on parle, ne se font pas sans réflexion, c'est que l'expérience les perfectionne sensiblement, et que la maturité de l'âge corrige l'impéritie de la jeunesse. On ne peut pas observer, avec quelque attention et quelque suite, les nids des oiseaux sans s'appercevoir que ceux des jeunes sont la plupart mal façonnés et mal placés, souvent même les jeunes femelles pondent par-tout sans avoir rien prévu. Les défauts de ces premiers ouvrages sont rectifiés dans la suite, lorsque les animaux ont été instruits par le sentiment des incommodités qu'ils ont éprouvées. Si les bêtes agissaient sans intelligence et sans réflexion, elles agiraient toujours de la même manière. L'impulsion une fois donnée à la machine, il n'arriverait point de changement dans l'exécution. Or, nous voyons qu'il en arrive sans nombre, et toujours en raison du plus ou moins d'expérience, que l'âge et les circonstances ont pu leur donner; donc la réflexion préside à la construction de ces ouvrages. Il serait plaisant que, sans mémoire, ces êtres-là conservassent, d'une année à l'autre, le souvenir de ce qui les a importunés, et que, sans réflexion, ils se conduisissent en conséquence. « Mais comment se fait-il qu'une » perdrix qui n'a jamais vu de nid, prévoie » qu'elle va pondre, et qu'elle a besoin d'un nid » fait d'une certaine manière pour y déposer » ses œufs? » J'ai déjà dit que les partisans de l'automatisme supposent gratuitement que ces ouvrages sont portés d'abord au plus haut dégré de perfection, et le fait est notoirement faux. Mais enfin, le nid le plus mal fait, montre encore un ensemble de parties, conspirant à former un tout : or, c'est un principe généralement reçu, que tout ouvrage dont les parties sont sagement ordonnées pour concourir à un but, annonce nécessairement une intelligence. C'est même un des argumens les plus employés pour démontrer l'existance de Dieu. Les partisans de l'automatisme conviennent de l'industrie et de la sagesse, qui se font remarquer dans la plupart des ouvrages des animaux : on peut donc en conclure, que les ouvriers sont intelligens. Lorsqu'on voit d'ailleurs que cette intelligence, d'abord simple et grossière, s'endoctrine et se polit, qu'elle se corrige de ses premières fautes, qu'elle prend des précautions contre les inconvéniens précédemment éprouvés, on doit juger qu'elle est personnelle aux faibles êtres qu'elle anime, et que Dieu n'est point en eux un agent immédiat, comme l'ont pensé quelques Philosophes. De savoir comment il arrive que les bêtes nous paraissent si promptement instruites à un certain degré, c'est ce qui n'est ni facile, ni nécessaire ; mais, là-dessus, il est permis de hasarder des conjectures, et même de se servir des analogies, pourvu qu'on ne prétende pas les donner comme démonstratives.

Premièrement, les animaux en général ne sont pas dans le cas de manquer absolument d'expérience, sur les ouvrages qu'ils ont à faire. Rien n'est plus simple, ni plus grossièrement construit que le nid des oiseaux qui n'y restent pas long-tems après être éclos. Ceux dont le nid demande plus de recherche et d'art, y vivent long-tems avant que de le quitter, et ils peuvent s'assurer par eux-mêmes de sa forme et de sa construction. Il est certain d'ailleurs, que l'organisation transmet dans tous les animaux, et même dans l'homme, une sorte d'aptitude et d'inclination à faire certaines choses. Il n'y a pas jusqu'aux qualités acquises, qui ne se transmettent par la naissance. Lorsqu'on force, pendant un grand nombre de générations, des chiens à rapporter et à arrêter, ces dispositions et ces actions deviennent naturelles à la race, et même se perpétuent pendant quelques générations sans être entretenues. Ce que nous regardons comme absolument machinal dans les animaux, n'est peut-être qu'une habitude anciennement prise, et perpétuée ensuite de race en race. Il est certain, du moins, que cette disposition s'oblitère beaucoup, et même se perd presqu'entièrement dans plusieurs espèces, faute d'exercice. Parmi les oiseaux qu'on rend domestiques, et dont on enlève les œufs à mesure qu'ils les pondent, il en est beaucoup qui finissent par ne point faire de nids, quoiqu'ils aient tous les matériaux nécessaires. Si l'on admet cette disposition organique, qu'il me paraît difficile de rejeter, et qu'on y ajoute la révolution que doit naturellement faire dans une femelle, l'état de gestation ; si l'on réfléchit sur l'influence que ces deux causes peuvent avoir sur son imagination, on se persuadera peut-être qu'elles peuvent produire la sorte de prévoyance et la réflexion nécessaires pour les préparatifs que nous voyons faire aux animaux. Si deux enfans, jetés dans une île déserte, et parvenus à l'âge de puberté, cédaient enfin au vœu de la nature, il en résulterait apparemment pour la fille, la certitude de devenir mère. Or, je ne doute nullement, quoiqu'on ne puisse pas refuser l'intelligence à ces êtres-là, que des feuilles et de la mousse, préparées avec un certain art, ne pussent fournir une espèce de lit à l'enfant venant au monde. Il me paraît même vraisemblable, que si l'expérience était répétée dans plusieurs îles où l'on trouvât les mêmes matériaux, il n'y aurait pas beaucoup de différence dans la fabrique de ces différens lits.

Une des choses qui paraît faire le plus de peine aux partisans de l'automatisme des bêtes, c'est l'uniformité générale qu'on apperçoit dans les ouvrages des individus de chaque espèce. Ils prétendent que si elles étaient intelligentes, leurs ouvrages devraient être variés comme les nôtres. J'ai déjà répondu ailleurs, que l'uniformité n'était pas telle qu'elle paraissait être au premier coup-d'œil, qu'on en jugerait mal, faute d'observer assez, et que peut-être n'avions-nous pas tout ce qui serait nécessaire pour en bien juger. Ce n'est pas qu'en effet les ouvrages et les actions des bêtes n'aient beacoup plus d'uniformité que les nôtres ; et cela doit être, vu leur organisation et leur manière de vivre.

« Tous les individus d'une même espèce, » dit très-bien M. l'Abbé de Condillac, étant » mus par le même principe, obéissant aux » mêmes besoins, agissant pour les mêmes » fins, et employant des moyens semblables, il » faut qu'ils contractent les mêmes habitudes, » qu'ils fassent les mêmes choses, et qu'ils les

» fassent de la même manière. » Cet excellent Philosophe remarque encore, avec beaucoup de sagacité et de raison, que les hommes ne sont moins uniformes, que parce qu'ils se copient les uns les autres. Les passions factices, qui sont le fruit de la société, proprement dite, et du loisir (manière d'être, qui appartient en propre à l'espèce humaine), varient les formes à l'infini, et offrent, à l'imitation, des modèles et des combinaisons sans nombre. Par la même raison, les bêtes doivent aller à leurs fins plus simplement et plus sûrement que nous. Elles sont moins sujettes à l'erreur, parce qu'elles ont moins de connaisances. « De tous les êtres » créés, dit le même Auteur, le moins fait » pour se tromper, est celui qui a la plus petite « portion d'intelligence. »

En voilà, je crois, assez, Monsieur, sur les objections qu'on fait contre l'intelligence des bêtes. J'avoue qu'elles me paraissent très-faibles en elles-mêmes ; et qu'en les comparant avec les faits, je les trouve insoutenables à l'examen. Mais peut-être qu'en mettant ces objections plus près les unes des autres, elles acquerront, par leur ensemble, une énergie qu'elles n'ont pas quand elles sont séparées. C'est ce qu'il faut essayer; car on ne doit épargner aucun moyen pour l'éclaircissement de la vérité.

« 1°. Les faits ne concluent rien. Nous voyons bien à la vérité, de la part des bêtes, une suite d'actions qui semblent indiquer des vues très-fines et très compliquées, des actions que nous ne pourrions pas faire sans beaucoup de comparaisons, de jugemens, de raisonnemens; mais comme ce sont des automates, il est clair que rien ne leur est plus facile que de faire, sans raisonner, ce que nous ne pourrions pas faire sans cela. »

« 2°. Ce n'est qu'en vertu d'une très-faible analogie, que nous sommes portés à croire que les bêtes sentent, se ressouviennent, comparent, jugent, etc. Lorsqu'elles font, relativement à toutes les circonstances dans lesquelles elles se trouvent, des actions que nous ne pourrions pas faire sans nous ressouvenir, comparer, juger, etc. Nous n'avons aucun droit de conclure de nous à elles, à cause de la raison sus-dite. Ce qu'elles font, n'est que le résultat d'une harmonie préétablie entre leurs mouvemens et l'impression que les objets font sur leurs sens, ce qu'il est aisé de comprendre. C'est un spectacle purement matériel, qui nous est donné par des raisons que tout le monde peut appercevoir au premier coup-d'œil. »

« 3°. Une analogie démonstrative, qui détruit la première, se tire naturellement de ce que nous ne pouvons pas apprendre aux bêtes, ni les mathématiques, ni rien de nos jeux et de nos sciences. Car si les bêtes pouvaient comparer, juger, raisonner, pourquoi ne leur apprendrions-nous pas la plus grande partie de ce que nous savons? »

« 4°. Les bêtes ont en effet dans leurs ouvrages, comme les nids, les ruches, etc. Toutes les apparences de l'intelligence et de l'industrie; on y voit en tout les moyens proportionnés à la fin. Mais si c'étoit une véritable intelligence qui les guidât, elles ne seraient pas si promptement instruites, et nous saurions comment elles ont fait leur apprentissage. C'est donc toujours une harmonie préétablie qui nous fait illusion, et c'est encore là une analogie démonstrative. »

J'avoue, Monsieur, que je ne suis pas convaincu par ces instances, et que malgré moi l'ensemble des faits, me fait plus d'impression que toutes ces belles analogies, dont je ne prétends pas d'ailleurs contester le mérite. Je ne suis pas beaucoup plus satisfait de la manière d'expliquer les opérations des bêtes, en leur donnant des sensations matérielles, une mémoire matérielle, qui, sans doute, produisent une intelligence matérielle aussi. Je ne doute pas que ceux qui parlent ainsi, n'entendent très-bien ce qu'ils disent; mais pour moi, je suis obligé de convenir, en conscience, que je n'y entends rien du tout, et j'aimerais presqu'autant l'harmonie préétablie.

Je crois que c'est l'ignorance des faits, qui a produit ces systêmes si peu naturels sur le principe des opérations des bêtes. On les a jugées sans les avoir suffisamment connues. Les chasseurs, qui observent, parce qu'ils en ont mille occasions, n'ont pas ordinairement le tems ou l'habitude de raisonner; et les Philosophes, qui raisonnent tant qu'on veut, ne sont pas ordinairement à portée d'observer. D'ailleurs, quelques personnes ont cru la religion intéressée à cette question de l'intelligence des bêtes, et elles ont prévu là-dessus des conséquences qui les ont effrayées. Mais c'est à tort qu'on a voulu lier cette question, purement philosophique, aux vérités que la religion nous enseigne, qui sont d'un ordre tout autre. Que les bêtes aient une intelligence qui s'applique à tous leurs besoins; que cette intelligence fasse des progrès en raison des circonstances qui l'excitent, et qu'elle ait en elle un principe indéfini de perfectibilité relative à ces mêmes besoins, cela n'empêche pas que la nôtre ne s'élève aux vérités sublimes, qui sont le fondement de nos devoirs et de nos espérances. L'intelligence des bêtes sera toujours resserrée dans les bornes des objets sensibles, avec lesquels seuls elle a des rapports. La nôtre s'élance, d'un vol hardi, jusqu'à celui même qui produit les intelligences de tous les ordres, et qui a fixé à chacune la mesure qu'elle ne passera jamais.

Il est donc vrai que la religion n'est nullement intéressée aux opinions qu'on peut avoir là-dessus. On peut même dire que les assertions des partisans de l'automatisme sont moins religieuses que le sentiment qui reconnaît l'intelligence dans tous les animaux. En effet, ils soutiennent que Dieu, en nous montrant dans les bêtes l'apparence de la sensibilité, de la mémoire, etc., ne nous donne qu'un spectacle matériel et illusoire, qui nous tient dans une erreur perpétuelle. Ils soutiennent que des ouvrages, visiblement ordonnés et conduits avec sagesse, où tout paraît conspirer à un dessein et le remplir, ne supposent cependant aucune intelligence, et peuvent être produits par un aveugle mouvement de la matière. Ils soutiennent qu'il y a des sensations matérielles, une mémoire matérielle, etc. Si je ne me trompe, Monsieur, toutes ces idées peuvent être regardées comme également hétérodoxes en religion et en philosophie. Je suis cependant bien éloigné de vouloir en faire un crime à ces Messieurs. Avec les meilleures intentions et les plus grands talens, il est si facile de s'égarer dans la route de la vérité, que ceux qui se méprennent méritent encore notre reconnaissance pour en avoir entrepris la recherche. Il faudrait renoncer absolument à tous les débats philosophiques, si l'on ne conservait pas le droit de se tromper. C'est un des privilèges les plus assurés de l'espèce humaine, et l'indulgence de ceux qui le partagent doit y être inséparablement attachée. J'espère, Monsieur, que vous ne me refuserez pas la vôtre; et sans vouloir abuser de la prérogative commune, je la mérite personnellement par tous les sentimens avec lesquels j'ai l'honneur d'être, etc.

LETTRE

DU PHYSICIEN DE NUREMBERG,

Sur une critique des Lettres précédentes, insérée dans le Journal des Savans.

J'AI lu, Monsieur, dans le *Journal des Savans* du mois de janvier 1765, des observations faites à propos de quelques lettres que j'ai eu l'honneur de vous adresser sur les animaux. Quel que soit le mérite de ces observations, je n'y répondrais pas s'il ne s'agissait que d'une pure question de philosophie, que je regarde comme assez indifférente en elle-même; mais il paraît que l'Auteur a dessein de jeter sur les idées que je vous ai présentées un soupçon de matérialisme, et je ne veux pas qu'une pareille tache défigure ce que vous avez bien voulu faire imprimer. J'ai même quelque lieu de craindre que le zèle ardent de l'Observateur ne l'ait égaré, et que ses idées ne favorisent beaucoup plus le matérialisme que les miennes, quoiqu'assurément ce ne soit pas son dessein ; mais il n'en est pas moins de mon devoir de chercher à le ramener. La charité douce produit des lumières pures ; et c'est d'elle, aidée d'un peu de raison, que je veux en emprunter pour éclairer l'Observateur.

Il est vrai, Monsieur, que je reconnais dans les animaux la faculté de sentir, celle de se ressouvenir, et tous les produits subséquens de ces deux facultés ; mais, loin de vouloir insinuer par là le matérialisme, je déclare qu'il m'est impossible de concevoir que la matière soit capable du plus petit degré de sensation. La faculté de sentir répugne à toutes les idées que j'ai de la substance matérielle : j'adopte toutes les démonstrations raisonnables qu'on a faites de la nécessité d'un être simple et indivisible, pour recevoir les différentes sensations et les comparer entre elles. Si l'Observateur accorde aux bêtes la faculté de sentir, et qu'en même tems il les regarde comme des êtres purement matériels, c'est lui sans doute, et non pas moi, qui devient le matérialiste. Je veux croire cependant que ce n'est nullement son intention ; et je me garderai bien de lui imputer un sentiment qu'il ne veut point avoir, quand même ses principes y conduiraient par les conséquences les plus directes. Mais voyons en détail quelques-unes de ses observations, et tâchons de les apprécier avec l'impartialité qui ne doit jamais abandonner ceux qui cherchent sincèrement la vérité.

L'OBSERVATEUR.

M. de Buffon a parfaitement bien défini l'espèce de leur mémoire (des animaux); il a solidement prouvé qu'ils ne réagissent point sur leurs actes, etc.

REPONSE.

Je ne me rappelle pas quelles sont là-dessus les idées de M. de Buffon, et je ne suis pas en peine qu'il n'ait bien dit tout ce qu'il a dit; mais ce n'est pas ce dont il s'agit ici. Je demande à l'Observateur quelle est l'*espèce* de mémoire des bêtes, et s'il en connaît de deux *espèces*. Jusqu'ici, je l'avoue, j'avais pensé qu'il n'y en avait qu'une, et qu'elle consistait uniquement à se souvenir des sensations qu'on avoit éprouvées; peut-être l'Observateur en connaît-il une autre qui consiste à oublier ses sensations. Quant à la faculté de réagir sur ses actes, je ne sais pas si l'on peut donner un autre nom à l'opération très-familière aux bêtes, par laquelle elles résistent à l'impression actuelle d'un appétit vif, par le souvenir des inconvéniens qu'elles ont éprouvés dans des circonstances pareilles ou approchantes. Je ne sais pas si c'est réagir sur ses actes, que de balancer ces inconvéniens rappelés par la mémoire, avec des desirs actuellement stimulans, et, après une hésitation marquée, de se déterminer par le motif le plus pressant. Je ne sais pas si c'est réagir sur ses actes, que de s'instruire par l'expérience et de suivre en conséquence un plan de conduite réfléchi, qui est visiblement le résultat de ces différentes combinaisons. Mais il est certain que les bêtes font tout cela; et d'après les faits qu'aucun homme, instruit de leurs opérations, ne pourra me contester, je veux bien qu'elles ne *réagissent* pas sur leurs actes, car que m'importe à moi le nom qu'on y voudra donner!

L'OBSERVATEUR.

A quel propos l'Auteur de la Nature, en accordant la perfectibilité aux brutes, leur aurait-il fait un don constamment inutile ?.... Concluons sans hésiter. La faculté de se perfectionner est pour les brutes d'une inutilité constante ; donc elles en sont dépourvues.

REPONSE.

A quel propos l'Auteur de la Nature, en accordant la perfectibilité aux Hurons, ou à tel autre peuple, qui reste depuis des siècles dans le même degré d'abrutissement, leur aurait-il fait un don constamment inutile ? *Concluons sans hésiter, etc.* Toutes les fois qu'avec notre faible raison, nous voudrons déterminer ce que doit faire l'Auteur de la Nature, nous courrons risque de conclure d'une manière absurde. Nous pouvons observer et admirer ce qu'il a fait ; mais il y a plus que de l'extravagance à vouloir juger de ses vues et pénétrer dans ses desseins. Au reste, je ne prétends pas, dans cet exemple, et je n'ai prétendu nulle part, établir aucune parité entre l'homme et la bête. C'est bien à nous de saisir l'ensemble et les rapports que Dieu peut avoir mis entre ses différens ouvrages ! J'ai observé l'intelligence des bêtes très-indépendamment des rapports qu'elle peut avoir avec la nôtre. J'ai cherché à lire leurs intentions dans leurs actions; je les y ai lues ; mais je n'ai regardé qu'elle, et je ne me suis jamais occupé d'en tirer aucune conséquence relative à nous. L'homme se dégraderait-il en reconnaissant les facultés qui existent dans les êtres inférieurs à lui, et ce qu'il a de commun avec eux lui ôte-t-il rien des avantages immortels qui le distinguent ? Non, il se dégraderait beaucoup plus en affectant de méconnaître les priviléges dont jouissent ces êtres subordonnés. Si quelque chose peut réellement avilir, c'est cette crainte puérile qui ferme les yeux sur ce qui est, ou nous porte à desirer que les choses ne fussent pas ce qu'elles sont. Quand nous aurons reconnu dans les animaux des avantages qu'ils partagent avec nous, l'homme n'en restera pas moins au rang que Dieu lui a assigné dans l'immensité de ses ouvrages. Mais revenons à notre sujet. La question de la perfectibilité des bêtes se réduit à un point fort simple. Des êtres qui sentent et se ressouviennent ne peuvent-ils pas éprouver, d'une manière indéfinie, des sensations nouvelles que la mémoire conserve, et qui s'ajoutent aux connaissances qu'ils avaient déjà ? Si cela est, et je doute qu'on puisse le nier, voilà déjà les individus perfectibles. Mais si de plus ces êtres peuvent se communiquer les connaissances qu'ils ont acquises, les espèces deviennent perfectibles aussi. Or j'ai prouvé, par les faits, qu'il était impossible que les bêtes exécutassent ce que nous leur voyons exécuter, sans une communication d'idées, et même sans un langage articulé. J'ai prouvé d'ailleurs que des espèces toutes entières acquéraient réellement plus de lumières et de sagacité dans certains pays, en raison des circonstances qui les forçaient d'être plus clairvoyantes et plus précautionnées. Si l'on vient me demander ensuite, pourquoi donc les bêtes n'usent pas toujours de ce privilège de perfectibilité, pourquoi elles n'ont point d'intérêt à s'instruire, pourquoi elles n'ont que des besoins physiques, pourquoi, etc. Je réponds d'abord que je n'en sais rien, et qu'il ne m'appartient pas d'en rien savoir. Il a plû au souverain Être d'organiser et de faire vivre des animaux sans nombre, dont les uns sont destinés à brouter l'herbe et à n'avoir besoin que d'un petit nombre de faits pour toutes connaissances. Il a voulu que quelques autres fissent leur nourriture d'une proie fugitive, et que, poursuivis eux-mêmes, ils vécussent entre la nécessité d'attaquer et celle de se défendre. Il a décidé que cette nécessité jetterait une variété infinie dans leurs démarches, que la multiplicité des obstacles et des périls forcerait à l'attention ces êtres intéressés, et que, dans toutes les espèces, de nouveaux besoins augmenteraient ainsi la somme de l'intelligence. Et vous me demandez, à moi, pourquoi ces êtres-là ne font pas de beaux tableaux et des livres de métaphysique? Apparemment que Dieu a voulu qu'ils fissent ce qu'ils font, et ce n'est pas à nous à en savoir davantage.

L'OBSERVATEUR.

Ce qui déshonore, à mon gré, l'intelligence des animaux, c'est bien moins le défaut de perfectibilité que la sûreté et la promptitude de ce prétendu génie, qui leur apprend en un moment tout ce qu'ils doivent savoir.... Ils apprennent trop vite, ou plutôt ils savent trop promptement sans avoir appris, etc.

REPONSE.

Que les bêtes apprennent en un moment tout ce qu'elles doivent savoir, c'est ce qui sera démenti par tous ceux qui prendront la peine de les regarder. On apperçoit clairement leur inexpérience première, leur tâtonnement, leurs fautes et leurs progrès. Mais, dit-on, elles s'instruisent plus promptement que nous. Il est en effet bien étonnant que Dieu, qui proportionne en tout les moyens à la fin, ait accordé cette célérité d'instruction à des êtres que la nature abandonne bientôt à eux-mêmes, et dont la durée de la vie est très-courte. Sans doute que la mouche éphémère doit s'instruire, et s'instruit encore plus promptement de ce qui est nécessaire à sa conservation, que ne font les animaux qui vivent quelques années.

L'OBSERVATEUR.

Je n'ai jamais bien compris ce que c'est que la différence essentielle des idées acquises par un sens ou par un autre sens.... Les sens ne donnent point les idées; ils leurs donnent seulement de la prise, et, pour ainsi dire, de la parure.

REPONSE.

Il ne paraît cependant pas difficile de comprendre qu'un être qui n'aurait de sens que l'odorat, n'aurait d'idées que celles des différentes odeurs; que celui qui n'aurait de sens que le toucher, n'aurait d'idées que celles de la mollesse ou de la dureté des corps, de leur forme, etc., et que ces idées seraient essentiellement différentes. Il me semble que l'idée d'un corps dur et celle d'une odeur quelconque n'ont rien qui se ressemble essentiellement. Ces idées d'ailleurs, quoiqu'acquises uniquement par les sens, me paraissent de la plus grande simplicité et entièrement dénuées de *parure*. On a dit avant l'Observateur que cinq personnes, chacune avec un sens différent, s'entendraient en géométrie. Cela peut être, et je le crois. Mais je ne vois pas comment, sur les autres objets, elles pourraient s'entendre, comment l'une pourrait faire comprendre à l'autre les résultats d'une sensation dont celle-ci ne pourrait avoir aucune idée.

L'OBSERVATEUR.

Il n'est guère de paysan qui ne soit assez bon métaphysicien à sa manière. Il n'en est point qui ne fasse des abstractions, qui ne généralise ses idées, etc.

RÉPONSE.

Il paraît que l'Observateur regarde la faculté d'abstraire comme un privilège exclusif de l'espèce humaine. Avec la sagacité qu'il montre, s'il eût pris la peine d'y réfléchir, il eût vu que ce n'est qu'un secours accordé à la faible intelligence des êtres imparfaits. Les bêtes sont forcées comme nous de faire des abstractions. Un chien qui cherche son maître, s'il voit une troupe d'hommes, y court d'abord en vertu d'une idée abstraite générale qui lui représente des qualités communes entre son maître et ces hommes-là. Il parcourt ensuite successivement plusieurs sensations moins générales, mais toujours abstraites, jusqu'à ce qu'il soit frappé de la sensation particulière qui est l'objet de ses recherches. Les actions des bêtes qui supposent abstraction sont si communes, qu'il est inutile d'en charger le papier. Avec la plus légère attention, on peut s'en rappeler un grand nombre. Il n'appartient qu'à l'Intelligence Suprême de n'avoir point d'idées abstraites, parce que d'une seule vue elle pénètre et l'ensemble et les détails, et qu'elle a toujours actuellement présent tout ce qui existe.

L'OBSERVATEUR.

Les singes ne peuvent-ils pas s'entr'aider à-peu-près comme les hommes ? Tous les animaux de même espèce peuvent se servir réciproquement.

RÉPONSE.

Je ne parlerai pas des singes, parce que je ne connais pas leurs mœurs. Je n'en ai point vu de rassemblés en société libre, et je n'ai rien lu de fort instructif sur leur compte dans les voyageurs. Mais l'Observateur me fera grand plaisir de me dire en quoi les animaux frugivores pourraient s'entr'aider beaucoup, et en quoi les carnassiers manquent à se servir réciproquement lorsqu'ils ont l'intérêt et les moyens de le faire. Il n'est pas question ici de demander pourquoi les bêtes ne font pas certaines choses, mais comment elles peuvent faire ce qu'elles font tous les jours. L'explication des phénomènes les plus communs sera toujours le désespoir des partisans de l'automatisme.

L'OBSERVATEUR.

Pourquoi les aigles n'iraient-ils pas à la chasse des hommes? Ne peuvent-ils pas, en planant dans les airs, laisser tomber sur nos têtes ces fardeaux immenses qu'ils sont capables de porter?

RÉPONSE.

Ce pourrait être un avis utile à donner aux aigles; je crois en effet qu'ils ne s'en sont jamais avisés, si ce n'est peut-être celui qui brisa la tête chauve du poëte Eschile avec une tortue. C'était un maître aigle que celui-là! Quant aux autres, quoiqu'ils portent des fardeaux *immenses*, comme tout le monde sait, je pense qu'il leur est plus avantageux de continuer à enlever des agneaux et des lièvres, comme ils ont toujours fait. C'est en allant à son but par le chemin le plus court, qu'on montre le plus d'esprit et de sagacité.

L'OBSERVATEUR.

Peut-on dire sérieusement que l'intelligence des animaux ne se perfectionne pas, faute des arts qui la supposent?

RÉPONSE.

Ce serait sans doute une absurdité; mais il est bien sûr qu'on ne l'a dite nulle part. On sait que c'est l'intelligence qui invente les arts, et que ce sont les mains qui les exécutent. Mais on sait aussi qu'on n'invente point ce qu'on n'a nul moyen d'exécuter. Si les hommes eussent été sans mains, avec toute leur intelligence ils n'eussent point inventé les arts. Mais les arts, une fois inventés et exécutés, par l'intelligence et par les mains, étendent la sphère de l'intelligence même, en multipliant les objets de ses connaissances. Il n'y a point là de cercle vicieux. Il n'existe que dans l'assertion de l'Observateur, qui n'est point du tout la mienne. Au reste, il est faux que, pour avoir quelques-uns des moyens, on soit obligé d'exécuter, sous peine d'être regardé comme dépourvu d'intelligence. Combien de peuples entiers n'exécutent point, quoiqu'ils aient de l'intelligence et des mains !

L'OBSERVATEUR.

Il est très-faux que les arts aient élevé les hommes au-dessus des brutes, dans le sens où l'on voudrait en tirer avantage contre nous.

REPONSE.

Je réclame ici la justice de l'Observateur contre lui-même. Je n'ai dit nulle part que l'homme ne dût qu'aux arts la supériorité qu'il a sur les brutes ; je suis très-éloigné de le penser, et encore plus de tirer aucun avantage contre nous du degré d'intelligence que je vois clairement exister dans les animaux. J'ai dit, et je crois en être sûr, qu'il y a tel homme dont actuellement la somme des idées et des connaissances acquises est inférieure à la somme des idées de tel renard dont j'ai suivi les manœuvres. Mais je n'ai jamais eu dessein d'en conclure que cet homme n'eût pas en puissance, la faculté de surpasser le plus habile des renards.

L'OBSERVATEUR.

Les sciences abstraites rendent en général plus stupide et plus insensée une bonne partie du corps de la nation.

RÉPONSE.

L'Observateur prétend ajouter encore à l'idée de M. Rousseau, qui dit seulement que les sciences contribuent à nous rendre plus méchans, en nous rendant plus éclairés, que ce sont des armes données à des furieux. Mais si elles nous rendent *stupides*, elles ont dès-lors une utilité morale, à laquelle sans doute M. Rousseau n'avait pas songé, et cet écrivain doit être moins en colère contre elles. Voilà comme dans l'espèce humaine tout va se perfectionnant par de nouvelles découvertes. Il est vrai que si la première assertion a semblé paradoxale, celle-ci pourrait peut-être élever quelques doutes. Mais aussi, que les sciences nous rendent *stupides*, ce serait une belle démonstration à faire.

L'OBSERVATEUR.

La sensibilité, ce précieux attribut de l'intelligence, se montre-t-elle avec quelqu'énergie dans la plupart des brutes envers leurs semblables ?

RÉPONSE.

Elle se montre avec la plus grande énergie dans toutes les espèces qui vivent ensemble, et qui ont des moyens de s'entre-secourir : celui qui en doutera, peut essayer d'aller faire crier un porc dans un bois où il y en aura d'autres à la glandée. Les espèces vigoureuses et bien armées défendent avec fureur les individus de leurs troupes ; les espèces faibles s'avertissent du danger ; celles qui vivent en famille y concentrent leurs intérêts, et il n'est pas extraordinaire qu'elles n'en prennent aucun à d'autres individus qui n'ont aucun rapport avec elles.

L'OBSERVATEUR.

L'organisation, selon le procédé si connu de la nature, devrait marcher par des nuances insensibles. . . . Il devrait donc y avoir des animaux presque aussi bien organisés que nous, peut-être d'autres beaucoup mieux, etc.

RÉPONSE.

Je me contente de voir ce qui est, et je ne me suis jamais inquiété de ce qui devrait être. Un des plus grands obstacles au progrès réel des connaissances, c'est cette fureur de présumer, et de décider ensuite sur des présomptions. Il est plaisant qu'avec le peu que nous savons, nous prétendions déterminer les loix de la Nature ! Qui nous a dit que l'organisation devrait marcher par des nuances insensibles ? Si cela n'est pas, pourquoi cela devrait-il être ? Les analogies ne sont bonnes qu'à faire conjecturer lorsque les faits manquent ; et toutes les analogies du monde ne valent pas un seul fait bien observé. Que Dieu ait voulu mettre, ou non, une distance plus ou moins grande entre quelques-uns de ses ouvrages et les autres, ce n'est pas là mon affaire. Je me borne à admirer tout ce qu'il a fait pour sa gloire, et à lui rendre grace de ce qu'il a fait pour moi.

Voilà, Monsieur, ce que j'ai cru devoir

relever dans les observations qu'on a faites sur mes lettres. Si l'Observateur a pensé qu'elles pussent, en quelque manière, favoriser le matérialisme, je ne peux que lui savoir gré d'avoir pris l'alarme, et le remercier de m'avoir donné occasion de m'expliquer et de détruire les impressions qui auraient pu en résulter contre mon intention.

J'ai l'honneur d'être, etc.

LETTRE VII.

Sur l'instinct des Animaux.

RIEN n'est si ordinaire, Monsieur, parmi les hommes et même parmi les philosophes, que de se servir de mots auxquels on n'attache aucune signification précise, et cependant de les employer comme s'ils en avaient une bien déterminée. De là sont nés des raisonnemens sans fin et des disputes interminables, qu'on se serait épargnés en apportant quelque soin à bien expliquer ce qu'on entend par ces mots. Celui d'*instinct* me paroît être un de ceux dont on a le plus abusé, et qu'on a le plus souvent prononcé sans l'entendre. Tout le monde veut bien désigner par-là le principe qui dirige les bêtes dans leurs actions ; mais chacun, à sa manière, détermine la nature ou fixe l'étendue de ce principe. On s'accorde bien sur le mot ; mais les idées qu'on y attache sont essentiellement différentes. Aristote et les Péripatéticiens donnaient aux bêtes une ame sensitive, mais bornée à la sensation et à la mémoire, sans aucun pouvoir de réfléchir sur ses actes, de les comparer, etc. D'autres ont été beaucoup plus loin. Lactance dit, qu'excepté la religion, il n'est rien en quoi les bêtes ne participent aux avantages de l'espèce humaine.

D'un autre côté, tout le monde connaît la fameuse hypothèse de M. Descartes, que, ni sa grande réputation, ni celle de quelques-uns de ses sectateurs n'ont pu soutenir. Les bêtes de la même espèce ont, dans leurs opérations, une uniformité qui en a imposé à ces philosophes, et leur a fait naître l'idée d'automatisme; mais cette uniformité n'est qu'apparente, et l'habitude de voir la fait disparaître aux yeux exercés. Pour un chasseur attentif, il n'est pas deux renards dont l'industrie se ressemble entièrement, ni deux loups dont la gloutonnerie soit la même.

Depuis M. Descartes, plusieurs théologiens ont cru la religion intéressée au maintien de cette opinion du méchanisme des bêtes. Ils n'ont point senti que la bête, quoique pourvue de facultés qui lui sont communes avec l'homme, pouvait en être encore à une distance infinie. Ainsi l'homme lui-même est très-distant de l'ange, quoiqu'il partage avec lui une liberté et une immortalité qui l'approchent du trône de Dieu.

L'anatomie comparée nous montre dans les bêtes des organes semblables aux nôtres, et disposés pour les mêmes fonctions relatives à l'économie animale. Le détail de leurs actions nous fait clairement appercevoir qu'elles sont douées de la faculté de sentir, c'est-à-dire, qu'elles éprouvent ce que nous éprouvons lorsque nos organes sont remués par l'action des objets extérieurs. Douter si les bêtes ont cette faculté, c'est mettre en doute si nos semblables en sont pourvus, puisque nous n'en sommes assurés que par les mêmes signes.

Celui qui voudra méconnaître la douleur à ses cris, qui se refusera aux marques sensibles de la joie, de l'impatience, du desir, ne mérite pas qu'on lui réponde. Non-seulement il est certain que les bêtes sentent, il l'est encore qu'elles se ressouviennent. Sans la mémoire, les coups de fouet ne rendraient point nos chiens sages, et toute éducation des animaux serait impossible. L'exercice de la mémoire les met dans le cas de comparer une sensation passée avec une sensation présente. Toute comparaison entre deux objets produit nécessairement un jugement; les bêtes jugent donc. La douleur des coups de fouet, retracée par la mémoire, balance dans un chien couchant le plaisir de courir un lièvre qui part. De la comparaison qu'il fait entre ces deux sensations, naît le jugement qui détermine son action. Souvent il est entraîné par le sentiment vif du plaisir; mais l'action répétée des coups rendant plus profond le souvenir de la douleur, le plaisir perd à la comparaison; alors il réfléchit sur ce qui s'est passé, et la réflexion grave dans sa mémoire une idée de relation entre un lièvre et des coups de fouet.

Cette idée devient si dominante, qu'enfin la vue d'un lièvre lui fait serrer la queue, et regagner promptement son maître. L'habitude de porter les mêmes jugemens les rend si prompts, et leur donne l'air si naturel, qu'elle fait méconnaître la réflexion qui les a réduits en principe: c'est l'expérience, aidée de la réflexion, qui fait qu'une belette juge sûrement de la proportion entre la grosseur de son corps et l'ouverture par laquelle elle veut passer. Cette idée une fois établie, devient habituelle par la répétition des actes qu'elle produit, et elle épargne à l'animal toutes les tentatives inutiles. Mais les bêtes ne doivent pas seulement à la réflexion de simples idées de relation ; elles tiennent encore d'elles des idées indicatives plus compliquées, sans lesquelles elles tomberaient dans mille erreurs funestes pour elles. Un vieux loup est attiré par l'odeur d'un appât ; mais lorsqu'il veut en approcher, son nez lui apprend qu'un homme a marché dans les environs.

L'idée du passage d'un homme lui indique un péril et des embûches. Il hésite donc ; il tourne pendant plusieurs nuits ; l'appétit le ramène aux environs de cet appât dont l'éloigne la crainte du péril indiqué. Si le chasseur n'a pas pris toutes les précautions usitées pour dérober à ce loup le sentiment du piège ; si la moindre odeur de fer vient frapper son nez, rien ne rassurera jamais cet animal, devenu inquiet par l'expérience.

Ces idées acquises successivement par la sensation et la réflexion, et représentées dans leur ordre par l'imagination et par la mémoire, forment le système des connaissances de l'animal, et la chaîne de ses habitudes ; mais c'est l'attention qui grave dans sa mémoire tous les faits qui concourent à l'instruire : et l'attention est le produit de la vivacité des besoins.

Il doit s'ensuivre que parmi les animaux, ceux qui ont des besoins plus vifs ont plus de connaissances acquises que les autres. En effet on apperçoit, au premier coup-d'œil, que la vivacité des besoins est la mesure de l'intelligence dont chaque espèce est douée, et que les circonstances qui peuvent rendre pour chaque individu les besoins plus ou moins pressans, étendent plus ou moins le systême de ses connaissances.

La nature fournit aux frugivores une nourriture qu'ils se procurent facilement, sans industrie et sans réflexion : ils savent où est l'herbe qu'ils ont à brouter, et sous quel chêne ils trouveront du gland.

Leur connaissance se borne, à cet égard, à la mémoire d'un seul fait : aussi leur conduite, quant à cet objet, paraît-elle stupide et voisine de l'automatisme. Mais il n'en est pas ainsi des carnassiers : forcés de chercher une proie qui se dérobe à eux, leurs facultés, éveillées par le besoin, sont dans un exercice continuel ; tous les moyens par lesquels leur proie leur est souvent échappée se représentent fréquemment à leur mémoire. De la réflexion qu'ils sont forcés de faire sur ces faits, naissent des idées de ruses et de précautions, qui se gravent encore dans la mémoire, s'y établissent en principes, et que la répétition rend habituelles. La variété et l'invention de ces idées étonnent souvent ceux auxquels ces objets sont les plus familiers. Un loup qui chasse sait, par expérience, que le vent apporte à son odorat les émanations du corps des animaux qu'il recherche, il va donc toujours le nez au vent; il apprend de plus à juger, par le sentiment du même organe, si la bête est éloignée ou prochaine, si elle est reposée ou fuyante. D'après cette connaissance il règle sa marche; il va à pas de loup pour la surprendre, ou redouble de vîtesse pour l'atteindre. Il rencontre sur sa route des mulots, des grenouilles et d'autres petits animaux, dont il s'est mille fois nourri; mais, quoique déjà pressé par la faim, il néglige cette nourriture présente et facile, parce qu'il sait qu'il trouvera dans la chair d'un cerf ou d'un daim un repas plus ample et plus exquis. Dans tous les tems ordinaires, ce loup épuisera toutes les ressources qu'on peut attendre de la vigueur et de la ruse d'un animal solitaire; mais lorsque l'amour met en société le mâle et la femelle, ils ont respectivement, quant à l'objet de la chasse, des idées qui dérivent de la facilité que l'union procure. Ces loups connaissent, par des expériences répétées, où vivent ordinairement les bêtes fauves et la route qu'elles tiennent lorsqu'elles sont chassées. Ils savent aussi combien est utile un relais, pour hâter la défaite d'une bête déjà fatiguée. Ces faits étant connus, ils concluent de l'ordinaire au probable, et en conséquence ils partagent leurs fonctions. Le mâle se met en quête, et la femelle, comme plus foible attend au détroit la bête haletante qu'elle est chargée de relancer. On s'assure aisément de toutes ces démarches, lorsqu'elles sont écrites sur la terre molle ou sur la neige, et on peut y lire l'histoire des pensées de l'animal.

Le renard, beaucoup plus foible que le loup, est contraint de multiplier beaucoup plus les ressources pour obtenir sa nourriture. Il a tant de moyens à prendre, tant de dangers à éviter, que sa mémoire est nécessairement chargée d'un nombre de faits qui donne à son instinct une grande étendue. Il ne peut pas abattre ces grands animaux, dont un seul le nourriroit pendant plusieurs jours ; il n'est pas non plus pourvu d'une vitesse qui puisse suppléer au défaut de vigueur : ses moyens naturels sont donc la ruse, la patience et l'adresse. Il a toujours, comme le loup, son odorat pour boussole. Le rapport fidèle de ce sens bien exercé l'instruit de l'approche de ce qu'il cherche, et de la présence de ce qu'il doit éviter. Peu fait pour chasser à force ouverte, il s'approche ordinairement en silence, ou d'une perdrix qu'il évente, ou bien du lieu par lequel il sait que doit passer un lièvre ou un lapin. La terre molle reçoit à peine la trace légère de ses pas. Partagé entre la crainte d'être surpris, et la nécessité de surprendre lui-même, sa marche, toujours précautionnée et souvent suspendue, décèle son inquiétude, ses désirs et ses moyens. Dans les pays giboyeux, où les plaines et les bois ne le laissent pas manquer de proie, il fuit les lieux habités. Il ne s'approche de la demeure des hommes que quand il est pressé par le besoin ; mais alors la connaissance du danger lui fait doubler ses précautions ordinaires. A la faveur de la nuit, il se glisse le long des haies et des buissons. S'il sait que les poules sont bonnes, il se rappelle en même tems que les pièges et les chiens sont dangereux. Ces deux souvenirs guident sa marche, et la suspendent ou l'accélèrent, selon le degré de vivacité que donnent à l'un d'eux les circonstances qui surviennent. Lorsque la nuit commence, et que sa longueur offre des ressources à la prévoyance du renard, le jappement éloigné d'un chien arrêtera sur-le-champ sa course. Tous les dangers qu'il a courus en différens tems se représentent à lui; mais à l'approche du jour, cette frayeur extrême cède à la vivacité de l'appétit : l'animal alors devient courageux par nécessité. Il se hâte même de s'exposer, parce qu'il sait qu'un danger plus grand le menace au retour de la lumière.

On voit que les actions les plus ordinaires des bêtes, leurs démarches de tous les jours supposent la mémoire, la réflexion sur ce qui s'est passé, la comparaison entre un objet présent qui les attire, et des périls indiqués qui les éloignent, la distinction entre des circonstances qui se ressemblent à quelques égards, et qui diffèrent à d'autres, le jugement et le choix entre tous ces rapports. Qu'est-ce donc que l'instinct? Des effets si multipliés dans les animaux, de la recherche du plaisir et de la crainte de la douleur; les conséquences et les inductions tirées, par eux, des faits qui se sont placés dans leur mémoire ; les actions qui en résultent ; ce système de connaissances auxquelles l'expérience ajoute, et que, chaque jour, la réflexion rend habituelles : tout cela ne peut pas se rapporter à l'instinct, ou bien ce mot devient synonime avec celui d'intelligence.

Ce sont les besoins vifs, qui comme nous l'avons dit, gravent dans la mémoire des bêtes des sensations fortes et intéressantes, dont la chaîne forme l'ensemble de leurs connaissances. C'est par cette raison que les animaux carnassiers sont beaucoup plus industrieux que les frugivores, quant à la recherche de la nourriture ; mais chassez souvent ces mêmes frugivores, vous les verrez acquérir, relativement à leur défense, la connaissance d'un nombre de faits, et l'habitude d'une foule d'inductions qui les égalent aux carnassiers. De tous les animaux qui vivent d'herbes, celui qui paraît le plus stupide est, peut-être, le lièvre. La nature lui a donné des yeux faibles et un odorat obtus : si ce n'est l'ouie qu'il a excellente, il paraît n'être pourvu d'aucun instrument d'industrie. D'ailleurs il n'a que la fuite pour moyen de défense ; mais aussi semble-t-il épuiser tout ce que la fuite peut comporter d'intentions et de variétés. Je ne parle pas d'un lièvre que des lévriers forcent par l'avantage d'une vitesse supérieure, mais de celui qui est attaqué par des chiens courants. Un vieux lièvre, ainsi chassé, commence par proportionner sa fuite à la vîtesse de la poursuite. Il sait, par expérience, qu'une fuite rapide ne le mettrait pas hors de danger, que la chasse peut être longue, et que ses forces ménagées le serviront plus long-tems. Il a remarqué que la poursuite des chiens est plus ardente et moins interrompue dans les bois fourés, où le contact de son corps leur donne un sentiment plus vif de son passage, que sur la terre, où ses pieds ne font que poser; ainsi il évite les bois et suit presque toujours les chemins, (ce même lièvre, lorsqu'il est poursuivi à vue par un lévrier, s'y dérobe en cherchant les bois). Il ne peut pas douter qu'il ne soit suivi par les chiens courants, sans être vu; il entend distinctement que la poursuite s'attache, avec scrupule, à toutes les traces de ses pas. Que fait-il? après avoir couru un long espace en ligne droite, il revient exactement sur ses mêmes voies. Après cette ruse,

se jette de côté, fait plusieurs sauts consé-
utifs, et par là dérobe aux chiens, au moins
our un tems, le sentiment de la route qu'il a
rise. Souvent il va faire partir du gîte un
utre lièvre dont il prend la place. Il déroute
insi les chasseurs et les chiens par mille moyens
u'il serait trop long de détailler. Ces moyens
ui sont communs avec d'autres animaux, qui,
lus habiles que lui d'ailleurs, n'ont pas plus
'expérience à cet égard. Les jeunes animaux
nt beaucoup moins de ces ruses. C'est à la
cience des faits, que les vieux doivent les in-
uctions justes et promptes qui amènent ces
ctes multipliés.

Les ruses, l'invention, l'industrie, étant une
uite de la connaissance des faits gravés par le
esoin dans la mémoire, les animaux doués
e vigueur, ou pourvus de défenses, doivent
tre moins industrieux que les autres. Aussi,
oyons-nous que le loup, qui est un des plus
obustes animaux de nos climats, est un des
moins rusés lorsqu'il est chassé. Son nez, qui
e guide toujours, ne le rend précautionné que
contre les surprises. Mais d'ailleurs il ne songe
qu'à s'éloigner, et à se dérober au péril par
'avantage de sa force et de son haleine. Sa fuite

n'est point compliquée comme celle des animaux timides. Il n'a point recours à ces feintes et à ces retours, qui sont une ressource nécessaire pour la faiblesse et la lassitude.

Le sanglier, qui est armé de défenses, n'a point non plus recours à l'industrie. S'il se sent blessé dans sa fuite, il s'arrête pour combattre. Il s'indigne et se fait redouter des chasseurs et des chiens, qu'il menace et charge avec fureur. Pour se procurer une défense plus facile et une vengeance plus assurée, il cherche les buissons épais et les halliers ; il s'y place de manière à ne pouvoir être abordé qu'en face. Alors, l'œil farouche et les soies hérissées, il intimide les hommes et les chiens, les blesse et s'ouvre un passage pour une retraite nouvelle.

La vivacité des besoins donne, comme on voit, plus ou moins d'étendue aux connaissances que les bêtes acquièrent. Leurs lumières s'augmentent en raison des obstacles qu'elles ont à surmonter. Cette faculté, qui rend les bêtes capables d'être perfectionnées, rejette bien loin l'idée d'automatisme, qui ne peut être née que de l'ignorance des faits. Qu'un chasseur arrive avec des pièges dans un pays où ils ne sont pas encore connus des animaux, il les prendra avec une extrême facilité, et les renards même lui paraîtront imbéciles. Mais lorsque l'expérience les aura instruits, il sentira, par les progrès de leurs connaissances, le besoin qu'il a d'en acquérir de nouvelles. Il sera contraint de multiplier les ressources, et de donner le change à ces animaux, en leur présentant ses appâts sous mille formes différentes.

Parmi les différentes idées que la nécessité fait acquérir aux animaux, on ne doit point oublier celles des nombres. Les bêtes comptent, cela est certain; et quoique jusqu'à présent leur arithmétique paraisse assez bornée, peut-être pourrait-on lui donner plus d'étendue. Dans les pays où l'on conserve avec soin le gibier, on fait la guerre aux pies, parce qu'elles enlèvent les œufs et détruisent l'espérance de la ponte. On remarque donc assiduement les nids de ces oiseaux destructeurs, et, pour anéantir d'un coup la famille carnassière, on tâche de tuer la mère pendant qu'elle couve. Entre ces mères, il en est d'inquiètes, qui désertent leur nid dès qu'on approche. Alors on est contraint de faire un affût bien couvert au pied de l'arbre sur lequel est le nid, et un homme se place dans l'affût pour attendre le retour de la couveuse; mais il attend en vain, si la pie qu'il veut surprendre a quelquefois été manquée en pareil cas. Elle sait que la foudre va sortir de cet antre où elle a vu entrer un homme. Pendant que la tendresse maternelle lui tient la vue attachée sur son nid, la frayeur l'en éloigne jusqu'à ce que la nuit puisse la dérober au chasseur. Pour tromper cet oiseau inquiet, on s'est avisé d'envoyer à l'affût deux hommes, dont l'un s'y plaçait et l'autre passait; mais la pie compte et se tient toujours éloignée. Le lendemain trois y vont, et elle voit encore que deux seulement se retirent. Enfin il est nécessaire que cinq ou six hommes, en allant à l'affût, mettent son calcul en défaut. La pie, qui croit que cette collection d'hommes n'a fait que passer, ne tarde pas à revenir. Ce phénomène, renouvelé toutes les fois qu'il est tenté, doit être mis au rang des phénomènes les plus ordinaires de la sagacité des animaux.

Puisque les animaux gardent la mémoire des faits qu'ils ont eu intérêt de remarquer; puisque les conséquences qu'ils en ont tirées s'établissent en principes par la réflexion, ils sont perfectibles : mais nous ne pouvons pas savoir jusqu'à quel degré. Nous sommes même presque étrangers au genre de perfection dont les bêtes sont susceptibles. Jamais, avec un odorat tel que le nôtre, nous ne pouvons atteindre à la diversité des rapports et des idées que donne au loup et au chien leur nez subtil et toujours exercé. Ils doivent à la finesse de ce sens la connaissance de quelques propriétés de plusieurs corps, et des idées de relation entre ces propriétés et l'état actuel de leur machine. Ces idées et ces rapports échappent à la stupidité de nos organes. Pourquoi donc les bêtes ne se perfectionnent-elles point? Pourquoi ne remarquons-nous point un progrès sensible dans les espèces? Si Dieu n'a pas donné aux Intelligences célestes de sonder toute la profondeur de la nature de l'homme; si elles n'embrassent pas d'un coup-d'œil cet assemblage bizarre d'ignorance et de talens, d'orgueil et de bassesse, elles peuvent dire aussi: pourquoi donc cette espèce humaine, avec tant de moyens de perfectibilité, est-elle si peu avancée dans les connaissances les plus essentielles? Pourquoi plus de la moitié des hommes est-elle abrutie par des superstitions ridicules? Pourquoi les sciences qui lui sont les plus nécessaires, celles d'où dépend le bonheur de l'espèce entière, sont-elles encore dans l'enfance ? etc.

Il est certain que les bêtes peuvent faire des progrès : mille obstacles particuliers s'y opposent, et d'ailleurs il est apparemment un terme qu'elles ne franchiront jamais.

La mémoire ne conserve les traces des sensations et des jugemens qui en sont la suite, qu'autant que celles-ci ont eu le degré de force qui produit l'attention vive. Or les bêtes, vêtues par la Nature, ne sont guère excitées à l'attention que par les besoins de l'appétit et de l'amour. Elles n'ont pas de ces besoins de convention, qui naissent de l'oisiveté et de l'ennui. La nécessité d'être émus se fait sentir à nous dans l'état ordinaire de veille, et elle produit cette curiosité inquiète qui est la mère des connaissances. Les bêtes ne l'éprouvent point. Si quelques espèces sont plus sujettes à l'ennui que les autres, la fouine, par exemple, que la souplesse et l'agilité caractérisent ; ce ne peut pas être pour elle une situation ordinaire, parce que la nécessité de chercher à vivre tient presque toujours leur inquiétude en exercice. Lorsque la chasse est heureuse, et que leur faim est assouvie de bonne heure, elles se livrent, par le besoin d'être émues, à une grande profusion de meurtres inutiles; mais la manière d'être la plus familière à tous ces êtres sentans est un demi-sommeil, pendant lequel l'exercice spontanée de l'imagination ne présente que des tableaux vagues qui ne laissent pas de traces profondes dans la mémoire.

Parmi nous, ces hommes grossiers, qui sont occupés, pendant tout le jour, à pourvoir aux besoins de première nécessité, ne restent-ils pas dans un état de stupidité presque égal à celui des bêtes ?

Il faut que le loisir, la société et le langage servent la perfectibilité, sans quoi cette disposition reste stérile. Or, premièrement le loisir manque aux bêtes, comme je l'ai déjà dit. Occupées sans cesse à pourvoir à leurs besoins, et à se défendre contre d'autres animaux ou contre l'homme, elles ne peuvent conserver d'idées acquises que relativement à ces objets. Secondement, la plupart vivent isolées et n'ont qu'une société passagère, fondée sur l'amour et sur l'éducation de la famille. Celles qui sont attroupées d'une manière plus durable, sont rassemblées uniquement par le sentiment de la crainte. Il n'y a que les espèces timides qui soient dans ce cas ; et la crainte, qui approche ces individus les uns des autres, paraît être le seul sentiment qui les occupe. Telle est l'espèce du cerf, dans laquelle les biches ne s'isolent guère que pour mettre bas, et les cerfs pour refaire leurs têtes.

Dans les espèces mieux armées et plus courageuses, comme sont les sangliers, les femelles, comme plus faibles, restent attroupées avec les jeunes mâles. Mais dès que ceux-ci ont atteint l'âge de trois ans, et qu'ils sont pourvus de défenses qui les rassurent, ils quittent la troupe ; la sécurité les mène à la solitude ; il n'y a donc pas de société proprement dite entre les bêtes.

Le sentiment seul de la crainte, et l'intérêt de la défense réciproque, ne peuvent pas porter fort loin leurs connaissances.

Elles ne sont pas organisées de manière à multiplier les moyens, ni à rien ajouter aux armes, toujours prêtes, qu'elles doivent à la Nature.

A l'égard du langage, il paraît que celui des bêtes est fort borné. Cela doit être, vu leur manière de vivre, puisqu'il y a des sauvages qui ont des arcs et des flèches, et dont cependant la langue n'a pas trois cents mots. Mais quelque borné que soit le langage des bêtes, il existe : on peut assurer même qu'il est beaucoup plus étendu qu'on ne le suppose communément dans des êtres qui ont un museau allongé ou un bec.

Celles de leurs habitudes qui paraissent les plus naturelles, ne peuvent s'être formées, comme nous l'avons prouvé, que par des inductions liées ensemble par la réflexion, et qui supposent toutes les opérations de l'intelligence; mais nous ne remarquons point d'articulation sensible dans leurs cris. Cette apparente uniformité nous fait croire que réellement elles n'articulent point. Il est certain cependant que les bêtes de chaque espèce distinguent très-bien entre elles ces sons qui nous paraissent confus. Il ne leur arrive pas de s'y méprendre, ni de confondre le cri de la frayeur avec le *gannissement* de l'amour. Il n'est pas seulement nécessaire qu'elles expriment ces situations tranchées; il faut encore qu'elles en caractérisent les différentes nuances. Le parler d'une mère qui annonce à sa famille qu'il faut se cacher, se dérober à la vue de l'ennemi, ne peut pas être le même que celui qui indique qu'il faut précipiter la fuite. Les circonstances établissent la nécessité d'une action différente. Il faut que la différence soit exprimée dans le langage qui commande l'action. Par quel mécanisme des animaux, qui chassent ensemble, s'accordent-ils pour s'attendre, se retrouver, s'aider? Ces opérations ne se feraient pas sans des conventions dont le détail ne peut s'exécuter qu'au moyen d'une langue articulée. La monotonie nous trompe, faute d'habitude et de réflexion. Lorsque nous entendons des hommes parler ensemble une langue qui nous est étrangère, nous ne sommes point frappés d'une articulation sensible, nous croyons entendre la répétition continuelle des mêmes sons. Le langage des bêtes, quelque varié qu'il puisse être, doit nous paraître encore mille fois plus monotone, parce qu'il nous est infiniment plus étranger; mais, quel que soit ce langage des bêtes, il ne peut pas aider beaucoup la perfectibilité dont elles sont douées. La tradition ne sert presque point aux progrès des connaissances. Sans l'écriture, qui appartient à l'homme seul, chaque individu, concentré dans sa propre expérience, serait forcé de recommencer la carrière que son devancier aurait parcourue, et l'histoire des connaissances d'un homme serait presque celle de la science de l'humanité.

On peut donc présumer que les bêtes ne feront jamais de grands progrès, quoique, relativement à certains arts, elles pussent en avoir fait, sans que nous nous en fussions apperçus. En général, les obstacles qui s'opposent aux progrès des espèces, sont fort difficiles à vaincre, et les individus n'empruntent point non plus de la force d'une passion dominante, cette activité soutenue qui fait qu'un homme s'élève, par le génie, fort au-dessus de ses égaux. Les bêtes ont cependant des passions naturelles, et d'autres qu'on peut appeler factices ou de réflexion; celles du premier genre sont l'impression de la faim, les desirs ardens de l'amour, la tendresse maternelle; les autres sont la crainte de la disette ou l'avarice, et la jalousie qui conduit à la vengeance.

Mais nous avons montré dans les lettres précédentes, que ces passions n'ont, ni la continuité, ni le caractère de celles qui servent réellement aux progrès des espèces. Elles remplissent leur objet par des moyens peu compliqués, et qui doivent être toujours les mêmes.

De ce que les bêtes n'inventent point au-delà de leurs besoins, on aurait tort d'en conclure qu'elles n'inventent point du tout, et certainement la conclusion ne serait pas légitime. Je bornerai là, Monsieur, mes réflexions sur ce qu'on appelle instinct dans les bêtes. Il me paraît impossible de ne pas reconnaître que le principe qui les meut dans leurs actions est un principe intelligent qui est le produit des sensations et de la mémoire. Mais quoique cet avantage leur soit commun avec nous, il est aisé de voir à quelle distance sont encore de nous ces êtres sentans, et quel intervalle immense nous sépare. C'est, Monsieur, ce qu'on appercevra, d'un coup-d'œil, en lisant les réflexions sur l'homme moral, qui suivent cette lettre, et qui m'ont paru nécessaires pour éloigner toutes les conséquences que quelques personnes pourraient tirer de l'intelligence reconnue des bêtes.

J'ai l'honneur d'être, etc.

LETTRES
DU PHYSICIEN DE NUREMBERG
SUR L'HOMME.

LETTRE PREMIERE.

Après avoir examiné, Monsieur, les actions des animaux; après avoir vu comment, dans les différentes espèces, les sensations, la mémoire et les besoins produisent, étendent et bornent enfin l'intelligence, il peut être utile de jeter un coup-d'œil sur nous-mêmes. En considérant seulement une partie de ce qu'est l'homme, nous le vengerons aisément de l'injure qu'on lui fait, en dégradant les autres animaux, afin de l'élever. Nous reconnaîtrons la place distinguée qui lui est assignée par l'Auteur de la nature. Ses avantages réels sont assez brillans pour établir par eux-mêmes sa supériorité, sans avoir recours à des ressources contre lesquelles déposent l'expérience et le sentiment. Les vrais détracteurs de l'espèce humaine sont ceux qui croient avoir besoin de nier l'intelligence des animaux pour maintenir la dignité de l'homme, comme si cette dignité n'était pas indépendante et personnelle, comme si la portion que les autres animaux ont reçue du Créateur avait quelqu'influence sur les avantages immortels dont il nous a comblés. Je ne prétends pas, Monsieur, à beaucoup près, traiter cet immense sujet dans toute son étendue. Ce travail serait fort au-dessus de mes forces, et d'ailleurs il exigerait des volumes. Je ne veux qu'indiquer les principes généraux des actions humaines, et tâcher de les reconnaître dans quelques-unes des manières dont la société les modifie, et souvent les défigure. Ce qui rend cet examen épineux, c'est qu'on ne voit pas, au premier coup-d'œil, dans l'espèce, un caractère distinctif qui convienne à tous les individus. Il y a tant de différence entre leurs actions, qu'on serait tenté d'en supposer dans leurs motifs. Depuis l'esclave, qui flatte indignement son maître, jusqu'à Thamas qui égorge des milliers de ses semblables pour n'avoir personne au-dessus de lui, on voit des variétés sans nombre. On ne peut qu'être frappé d'admiration lorsqu'on regarde les travaux immenses de l'homme, qu'on examine le détail de ses arts et le progrès de ses sciences, qu'on le voit franchir les mers, mesurer les cieux, et disputer au tonnerre son bruit et ses effets. Mais comment n'être pas surpris en même tems de l'ignorance et de la stupidité de la plus grande partie de l'espèce ! Comment ne pas frémir de la bassesse ou de l'atrocité des actions par lesquelles s'avilit souvent ce roi de la nature ! Effrayés de cet assemblage monstrueux, quelques moralistes ont eu recours, pour expliquer l'homme, à un mélange de bons et de mauvais principes, qui lui-même a grand besoin d'être expliqué. L'orgueil, la superstition, la crainte, ont embarrassé la connaissance de l'homme de mille préjugés que l'observation doit détruire. La religion est chargée de nous conduire dans la route du bonheur qu'elle nous prépare au-delà des tems. La philosophie doit étudier les motifs naturels des actions de l'homme, pour trouver les moyens, du même genre, de le rendre meilleur et plus heureux pendant cette vie passagère. Il faut convenir qu'en regardant l'homme tel qu'il est aujourd'hui dans l'état de société, on est tenté d'abord de le croire dénaturé. Tant d'idées étrangères à sa constitution primitive, tant de passions factices entrent dans sa composition actuelle, que plusieurs philosophes ont cru nécessaire, pour le connaître, de remonter à un état ancien, où l'on pût trouver plus de simplicité et moins de complications. Mais ce moyen ne paraît pas fait pour garantir de l'erreur. On commence par supposer l'état qu'on examine, et les réflexions de l'observateur ne peuvent porter que sur l'ouvrage de son imagination, qui peut être fort éloigné de celui de la nature. Ce n'est donc point dans un passé qui nous est inconnu, qu'il faut chercher à connaître l'homme; mais en le regardant tel qu'il est sous nos yeux, il est facile de distinguer à part les besoins qu'il tient de la nature, d'avec ceux que l'état de société fait naître, et qu'ensuite il rend habituels. On peut ainsi parvenir à reconnaître les élémens qui entrent dans la composition de l'homme, et les produits de ces élémens.

Tous les philosophes, et même la plupart

des théologiens, conviennent aujourd'hui que nos sensations sont la matière première de nos idées; et cette vérité, connue depuis long-tems d'une manière générale et assez vague, ne pouvait pas échapper, avec tous ses détails, à la sagacité de nos observateurs. Ceux qui ont examiné l'entendement humain, ont très-bien marqué l'ordre dans lequel nous éprouvons les effets de cette faculté générale, à laquelle nous devons toutes nos connaissances. Mais sentir n'est pas simplement appercevoir. Dans une sensation, il y a presque toujours deux impressions à considérer; la perception de l'objet qui la cause, et la modification qu'en reçoit notre ame, c'est-à-dire, le plaisir ou la douleur qu'elle nous fait éprouver. C'est principalement de ce qu'il y a de représentatif dans nos sensations, que proviennent nos connaissances. Du genre d'affection qu'elles nous causent, naît le plaisir ou la douleur, c'est-à-dire, un sentiment qui nous fait aimer ou haïr notre existence. L'une de ces impressions nous met dans le cas de comparer, de juger, etc.; l'autre nous porte à desirer, à vouloir. Celle-ci est l'agent impérieux qui nous remue; le desir est le créateur de nos actions; pour nous connaître, il faut observer ce qui l'excite en nous. La faculté de sentir, qui appartient à l'ame, n'ayant d'exercice que par l'entremise des organes matériels dont l'assemblage forme notre corps, il peut en résulter une différence naturelle entre les hommes. Si le tissu des fibres n'est pas le même dans tous, quelques-uns doivent avoir certains organes plus sensibles, et recevoir en conséquence des objets qui les ébranlent, une impression dont la force est inconnue à d'autres. Dans ce cas, nos jugemens et nos choix n'étant que le résultat d'une comparaison entre les différentes impressions que nous recevons, ils seraient aussi peu semblables d'un homme à un autre que ces impressions mêmes. De-là on pourrait conclure que la connaissance de l'homme est une chose impossible, que chaque individu a une mesure qui ne peut nullement s'appliquer à l'espèce entière, que le jugement qu'on porte de la conduite d'autrui est toujours injuste, et que les conseils qu'on lui donne sont encore plus inutiles. Ma raison doit être étrangère à celle d'un homme qui ne sent pas comme moi; et si je le prends pour un fou, il a droit de me regarder comme un imbécile. Mais toutes nos sensations particulières, tous les jugemens qui en résultent, aboutissent à une disposition commune et nécessaire à tous les êtres sensibles, le desir du bien-être. Ce desir, sans cesse agissant, est déterminé par nos besoins vers certains objets. S'il rencontre des obstacles, il devient plus ardent, il s'irrite, et le desir irrité est ce qu'on appelle passion, c'est-à-dire, un état de souffrance dans lequel l'ame toute entière se porte vers un objet comme vers le point fixe de son bonheur. Pour savoir tout ce dont l'homme est capable, il faut le voir lorsqu'il est passionné. Si vous regardez un loup rassasié, vous ne soupçonnerez pas sa voracité. Les mouvemens de la passion sont toujours vrais, et trop marqués pour qu'on puisse s'y méprendre. Or, en examinant un homme agité par quelque passion, je le vois fixé sur un objet dont il poursuit la jouissance. Que le desir qu'il en a soit naturel ou factice, il écarte avec fureur tout ce qui l'en sépare; le péril disparaît à ses yeux, et il semble s'oublier soi-même. Le besoin qui le tourmente ne lui laisse voir que ce qui peut le soulager. Cette disposition, qui est frappante dans un état extrême, agit constamment, quoique d'une manière moins sensible, dans les situations plus modérées. L'homme n'a donc point de caractère particulier qui le distingue. Il est toujours ce que les besoins le font être; et comme, sur-tout dans l'état de société, les besoins varient à l'infini d'individu à individu, et dans le même, selon les tems, on doit trouver en lui des contradictions sans nombre, qui sont toutes produites par le desir commun du bien-être. *C'est un être merveilleusement divers et ondoyant que l'homme !* disait Montaigne, ce grand peintre de la nature humaine. En effet, il paraît être moins le produit de ses inclinations naturelles que des circonstances qui l'environnent. S'il n'est pas cruel par caractère, il ne lui faut qu'une passion et des obstacles pour l'exciter à faire couler le sang, et l'habitude ou les préjugés peuvent lui rendre ensuite la cruauté nécessaire. Le méchant, dit Hobbes, n'est qu'un enfant robuste; et si l'on suppose l'homme avec des desirs vifs et sans expérience, comme sont les enfans, on ne voit pas en effet ce qui pourrait l'arrêter dans la recherche de ce qu'il poursuit. C'est l'expérience qui nous fait trouver, dans notre union avec les autres, des facilités pour la satisfaction de nos besoins. Alors l'intérêt de chacun établit dans son esprit une idée de proportion entre le plaisir qu'il cherche, et le dommage qu'il souffrirait s'il aliénait les autres. De là naissent les égards, qui naturellement n'ont lieu qu'autant que les intérêts sont superficiels, mais auxquels l'habitude et le sentiment de la compassion, dont nous parlerons dans la suite, donnent beaucoup de force. Mais les passions nous ramènent à l'enfance, en nous présentant vivement un objet unique avec ce degré d'intérêt qui éclipse tout. Ce mot *passion* réveille, Monsieur, un grand nombre d'idées bien différentes entre elles, lorsque l'on considère l'homme dans l'état de société. L'état social et les différentes formes qu'il peut recevoir, produisent, entre les hommes, une complication infinie de rapports et de manières d'être, dans lesquels on trouve les passions naturelles de l'homme absolument dénaturées. Il est donc nécessaire de bien distinguer les besoins que la nature donne à l'homme individuel, d'avec ces besoins qu'on peut appeler factices, et qui naissent dans l'état de société. Quoique ceux-ci doivent nécessairement dériver des premiers, ils se trouvent à la fin si dissemblables, qu'il faut la plus grande attention pour retrouver leur origine.

Il entre dans la constitution de l'homme beaucoup plus de besoins naturels que dans celle de tous les autres animaux. Quand son intelligence ne serait pas essentiellement supérieure à la leur, il acquérerait nécessairement, par ses besoins et ses moyens, une grande supériorité sur toutes les autres espèces. Ce n'est pas que le besoin de se nourrir, qui peut devenir un des plus pressans, doive naturellement le forcer à beaucoup d'industrie. Porté, par son goût et par sa constitution, à s'accommoder de différentes espèces de nourritures, il est moins exposé qu'un autre à en manquer. La chasse, la pêche, le lait des troupeaux et les fruits de la terre, peuvent également assouvir son appétit. Ce n'est pas l'homme affamé qu'il est difficile de rassasier; c'est l'homme dégoûté, dont il est embarrassant d'exciter les desirs; et la terre fournirait, peut-être sans beaucoup de peine, à l'homme naturel, les alimens grossiers suffisans pour entretenir sa vigueur. Cependant les facilités qui résultent de l'association pour la chasse ou pour la pêche, établissent bientôt une société entre les hommes chasseurs ou ichthyophages; et la multiplication de la peuplade n'est pas long-tems sans amener la nécessité de la culture des terres. Celle-ci conduit à un nouvel ordre de rapports et d'institutions, qui ne sont point de notre sujet. Toujours est-il certain que, si l'homme n'avait besoin que d'être nourri, la société lui serait beaucoup moins nécessaire, qu'elle ne serait que difficilement établie, et que peut-être nous n'admirerions pas tous les progrès que d'autres besoins ont fait faire à l'industrie humaine.

Dans la plupart des climats, l'homme est condamné à se vêtir, sous peine de la douleur et même de la mort. Ce besoin doit donc être mis au rang de ceux de première nécessité, et peut-être oblige-t-il à beaucoup plus de réflexions et d'inventions que le besoin de se nourrir. Ce n'est pas que l'homme ne puisse d'abord se couvrir grossièrement avec la peau des bêtes qu'il aura tuées, sans leur donner aucune préparation; mais il ne pourra pas s'en servir long-tems sans être forcé, par les inconvéniens, de réfléchir sur les moyens de rendre ce vêtement simple, plus propre à son usage. De ces réflexions naîtra l'art de passer ces peaux, pour les rendre plus souples et plus durables; celui de les coudre ensemble pour en être plus complètement ou plus commodément couvert. Les peuples les plus stupides, comme les Samoïedes et les Groenlandais, n'ignorent pas ces deux arts, qui sont une suite de la nécessité de se vêtir. S'ils ne savent pas, comme nous, convertir en fil l'écorce du chanvre et du lin, ils se servent assez heureusement des nerfs des animaux qu'ils ont tués, et ils donnent aux peaux de ces animaux la souplesse, sans laquelle elles ne rempliraient pas entièrement leur destination. Voilà déjà plusieurs arts dus à un besoin de première nécessité, et sans l'invention desquels, dans la plupart des climats, l'homme, dont la constitution est peu proportionnée à leur inclémence, périrait infailliblement. Mais aussi ces arts sont inventés par-tout où ils sont nécessaires. Le besoin, ce maître universel de tous les êtres sensibles, donne à cet égard de savantes leçons à ceux qui d'ailleurs sont les plus stupides et les plus grossiers. Mais, quelque bien vêtu que soit l'homme, il sera encore tellement à la merci des intempéries de l'air, qu'une habitation lui est aussi nécessaire qu'un vêtement. S'il commence par se retirer dans le tronc d'un arbre, que la Nature ou lui-même aura creusé, cette demeure resserrée lui paraîtra bientôt insuffisante, parce qu'elle l'est en effet. Le besoin le conduira à rassembler des feuillages et des branches, à les lier ensemble, à les remparer avec de la terre, à les couvrir d'herbes séches ou de gazon qui ferment le passage à la pluie; en un mot, à se construire une cabane. C'est encore ce que font, et tous à-peu-près de la même manière, les peuples les plus bruts dans les climats rigoureux. C'est un art de première nécessité, que la constitution même de l'homme le force d'inventer, sous peine de la douleur et de la mort.

L'amour est sans doute aussi pour l'homme un des besoins les plus pressans. Il se fait surtout sentir avec un empire prédominant lorsque les autres sont satisfaits. Cette passion terrible, qui tourmente et perpétue tous les êtres animés, n'a point pour l'homme de saison particulière. Presque toujours agissante dans l'âge de la vigueur, lors même que les idées morales, soit réelles, soit illusoires, n'ont rien ajouté à sa vivacité naturelle, la jouissance amortit un instant les desirs, mais sans les éteindre. L'espérance du moment à venir se confond avec l'ivresse du moment présent, et donne à cette passion un caractère de permanence qui ne peut guère manquer d'établir une société durable entre le mâle et la femelle. Il me paraît, Monsieur, que les premiers desirs de l'homme adulte doivent l'attacher à une femme, et que ce lien doit être également resserré par le souvenir et par l'espérance. L'habitude, qui produit l'inconstance et le dégoût dans l'homme civilisé, dont la constitution est altérée, exerce un pouvoir tout différent sur l'homme naturel. La communauté des femmes a pu être, dans quelques sociétés, l'effet d'une institution particulière; mais elle n'a jamais été l'institution de la nature, qui tend, par toutes sortes de voies, à resserrer l'union des mariages. Outre les avantages et les secours réciproques qui résultent de l'association, ce lien acquiert bientôt une force nouvelle par la naissance des enfans, dont les besoins exigent une communauté de soins qui multiplie les rapports que le père et la mère avaient déjà l'un avec l'autre. En regardant seulement ces objets intéressans d'une tendresse naturelle, il est impossible que les parens n'y trouvent pas des motifs pour se devenir plus chers. Les soins mêmes qu'ils concourent à donner à ces faibles créatures, en leur faisant naître l'idée d'une propriété commune, excitent en eux un sentiment profond qui tend à les unir. Mon dessein n'est pas d'examiner comment, la famille venant à se multiplier, la société s'étend, les intérêts se divisent, les loix s'établissent. Il nous suffit d'avoir observé que tout rend à l'homme l'association nécessaire, que sans elle l'espèce ne pourrait qu'à peine subsister, et que la sociabilité est fondée sur la constitution même de l'homme, et sur les besoins les plus pressans qui en dérivent. Mais ceux que nous venons d'indiquer ne sont pas les seuls qu'il tienne de la nature. Il est d'autres dispositions qui lui rendent la société du moins très-intéressante, et qui, peut-être plus que les premiers besoins, influent sur ses efforts, ses progrès et ses crimes. L'homme n'a pas seulement besoin d'être nourri, vêtu, défendu des injures de l'air, et même d'éprouver, pendant une partie de sa vie, les vives émotions de l'amour. Ces objets réunis pourraient suffire à l'homme isolé, parce que la nécessité d'y pourvoir occuperait tout son tems, et lui laisserait à peine celui du sommeil. C'est ce qui arrive en effet à ces malheureux que la pauvreté dévoue à une fatigue continuelle pour soutenir leur vie. Mais l'excès du travail, l'inquiétude et la crainte, ne leur laissent qu'un sentiment pénible de l'existence; ils n'en jouissent point, ils en souffrent et n'en sont avertis que par la douleur. Lorsque l'homme a de quoi satisfaire à tous les besoins dont nous avons parlé; lorsque les bienfaits de la nature ne lui laissent, à cet égard, aucune inquiétude prochaine pour l'avenir; lorsqu'enfin il paraît n'avoir qu'à jouir d'un heureux loisir, un nouveau besoin le tourmente, celui d'avoir un sentiment vif de sa propre existence. Nous ne sommes présens à nous-mêmes, que par des sensations immédiates ou des idées. Il faut qu'elles nous intéressent pour nous rendre heureux; et malheureusement les sensations qui nous ont le plus intéressés s'affaiblissent par leur continuité. Ce que nous avons regardé long-tems devient pour nous comme les objets qui s'éloignent, dont nous n'appercevons plus qu'une image confuse et mal terminée. Le besoin d'exister vivement, joint à cet affaiblissement continuel de nos sensations, nous cause une inquiétude machinale, des désirs vagues, excités par le souvenir importun d'un état précédent. Nous sommes donc forcés, pour être heureux, ou de changer continuellement d'objets, ou d'outrer les sensations du même genre. De là vient une inconstance qui ne permet pas à nos vœux de s'arrêter, et une progression de desirs qui, toujours anéantis par la jouissance, mais irrités par le souvenir, s'élancent jusques dans l'infini. Cette disposition, qui fait bientôt succéder le mal-aise de l'ennui aux émotions les plus intéressantes, est le tourment de l'homme oisif et civilisé, comme nous le verrons en examinant ses effets dans la société. Mais nous verrons aussi que ce tourment est la source d'une partie de ses efforts et de ses progrès. Le besoin d'un sentiment vif de l'existence est balancé dans l'homme par une autre disposition, qui lui est commune avec tous les autres êtres sensibles, la paresse ou l'amour du repos. Cette force d'inertie n'agit très-puissamment que sur la classe oisive de la société. Dans tout autre état, elle est subjuguée par des besoins plus stimulans. Mais ce qu'on aura peine à croire d'abord, c'est qu'elle est le plus grand principe d'activité parmi les hommes. Le repos en perspective, qui faisait courir Pyrrhus, fatigue encore tout ambitieux qui veut s'élever, tout avare qui amasse au-delà de ses besoins, tout homme passionné pour la gloire, qui craint des rivaux. L'amour du repos et le desir d'exister vivement, sont deux besoins contradictoires qui influent l'un sur l'autre et se modifient. L'homme craint la peine; toute espèce d'effort l'importune et le fatigue, à moins qu'il ne soit agité d'une passion. Sur-tout le travail de penser est insupportable à qui l'habitude ne l'a pas rendu facile. Mais l'ennui devient bientôt aussi importun que le travail même. Il semble à l'homme désoccupé, qu'une partie de son existence lui échappe. Il change machinalement de lieu; il est forcé de chercher des objets extérieurs dont l'action le remue et excite en lui le sentiment de la vie. N'ayant point d'activité propre, il a besoin d'être passif. Il lui faut des spectacles extraordinaires dont la nouveauté secoue ses organes engourdis. Ce mal-aise est moins connu de l'homme sauvage, parce qu'il a moins de loisir, et qu'excepté la satisfaction des besoins les plus grossiers, il n'a pas l'idée d'une manière vive d'exister. Son état habituel est donc une sorte de torpeur. Le mouvement d'un ruisseau suffit pour exciter en lui une sensation occupante lorsqu'il n'est pas en action, et l'ignorance d'une émotion plus forte lui laisse goûter cette situation paisible et voisine du sommeil. Mais si le sauvage a quelquefois joui du sentiment vif de l'existence ; si, par exemple, des liqueurs fortes ont excité en lui ce sentiment, il en devient très-avide, et il sacrifie tout à ce besoin nouveau.

Voilà, ce me semble, Monsieur, les principaux élémens qui entrent dans la composition naturelle de l'homme. C'est là le fonds que les individus apportent dans la société, et qu'elle met en œuvre par les circonstances qu'elle fait naître et les différens rapports qu'elle établit. On voit que l'association est nécessaire à l'homme pour sa conservation, ou du moins pour son bonheur. Il est cependant certain que les mêmes besoins qui l'invitent à s'approcher de ses semblables, produisent ensuite des intérêts contradictoires, qui tendent à l'en éloigner. Le besoin de nourriture n'admet pas toujours le partage ; l'amour excite la jalousie, et en tout, l'intérêt de la propriété porte à la personnalité exclusive. L'homme cherche donc l'association pour se préparer les moyens de jouir, et il est ensuite isolé par la jouissance même. Mais les hommes sont doués d'une disposition d'attrait qui les rend naturellement chers les uns aux autres, et qui agit constamment lorsqu'elle n'est point altérée par un intérêt personnel plus puissant, ou par des habitudes qui la défigurent et même l'anéantissent. Un homme n'est point indifférent pour un autre homme. Celui qui souffre est assuré d'exciter la compassion de ceux qui n'ont point d'intérêt à le voir souffrir, ou dont la sensibilité n'est point encore émoussée. C'est ce qui est prouvé par l'impression générale que font les malheurs d'autrui sur tous les gens désintéressés, et ce que chacun retrouvera dans son propre cœur, pour peu qu'il veuille s'examiner. Plusieurs moralistes ont pensé que ce sentiment n'était que l'effet d'un retour sur soi-même; que la compassion n'était pas une impression directe, mais un sentiment réfléchi fondé sur l'intérêt personnel. Il est bien vrai que pour compatir, il faut avoir soi-même l'idée de la douleur, parce qu'il est impossible de partager ce qu'on ne connaît point. Mais cette triste expérience ne manque à personne; et quoiqu'elle soit nécessaire à la naissance du sentiment de la pitié, il n'en est pas moins excité directement par la douleur d'autrui. C'est une douleur réelle que nous fait éprouver la présence d'un homme souffrant. Il en résulte pour nous un mal-aise physique très-incommode, et qui nous porte, de première impulsion, à secourir le malheureux. Cette disposition précieuse et sacrée acquiert en nous de la force par l'exercice et l'habitude. Elle devient le fondement de toutes les vertus qu'on nomme généreuses, parce qu'elles n'ont d'autre récompense que le plaisir pur d'avoir fait des heureux. Nous chercherons, Monsieur, dans la lettre suivante, quel est le produit de toutes ces dispositions naturelles à l'homme, comment ces différens germes se développent dans la société, et se modifient par leur influence réciproque, pour former l'homme tel que nous le voyons.

J'ai l'honneur d'être, etc.

LETTRE II.

L'HOMME, considéré comme solitaire, n'a que des besoins simples, qui ne le porteraient qu'à des actes uniformes, dont l'histoire se bornerait à un petit nombre de faits. Mais la solitude ne peut pas être long-tems son état naturel. L'amour du repos, l'expérience des facilités que l'association procure, le besoin de doubler le sentiment de son existence par la communication des idées, une sorte d'inclination ou de tendresse sourde, approchent les hommes les uns des autres. Il semble que tous ces intérêts naturels, qui forment d'abord leurs liens réciproques, devraient concourir à les resserrer de jour en jour. Mais la société étant une fois établie, étendue, et sur-tout civilisée, il en naît pour les individus qui la composent un ordre d'intérêts nouveaux, qui tendent beaucoup plus à la division qu'à la concorde. Ce n'est pas que l'homme ne conserve toujours les dispositions essentielles à sa nature. L'état social ne les anéantit pas, mais il les éclipse ; et c'est souvent en vain qu'on recherche dans l'homme civilisé, l'homme primitif et naturel. C'est ce qui rend la connaissance de l'homme infiniment épineuse. On ne distingue pas toujours sans peine ce qu'il tient de sa constitution propre, d'avec ce qu'il doit à l'état social. Les besoins naturels se trouvent étouffés par une foule de besoins factices, et ce sont les derniers qui lui donnent l'impulsion et le mouvement qui se font le plus remarquer. Il est aisé d'appercevoir combien et comment, dans une société nombreuse, ces besoins factices doivent se multiplier. Un des premiers effets de cette multiplication, est d'isoler les hommes, que leurs intérêts et leurs inclinations avaient rapprochés. Ainsi, l'état social devient destructeur des principes qui l'ont établi ; et ces principes n'ont presque plus d'action dans le cours ordinaire et la durée de la société. La variété des jouissances, qui sont l'objet des desirs de tous, établit une rivalité réciproque et générale. Les intérêts se personnalisent et se concentrent ; et quoique cette tendance à s'isoler ne soit qu'acquise, on en retrouve partout les effets. Jetez un coup-d'œil sur l'univers, vous verrez les nations séparées entre elles, les sociétés particulières formant des cercles plus étroits, les familles encore plus resserrées, et nos vœux, toujours circonscrits par nos intérêts, finir par n'avoir d'objet que nous-mêmes. Cette disposition est une suite du desir général du bien-être, nécessaire à tout être sensible. Il est impossible que nous ne poursuivions pas les jouissances que nous envisageons comme essentielles à notre bonheur, et que nous n'ayions pas le desir d'écarter tout ce qui peut en troubler la possession. Voilà l'impulsion de la nature, et elle s'applique à tous les besoins factices que la société fait naître. La raison, c'est-à-dire l'expérience, rectifie, à la vérité, les erreurs de jugement dans lesquelles nous pouvons tomber sur ce qui nous paraît d'abord essentiel à notre bonheur; elle nous montre aussi les desirs d'autrui armés contre les nôtres, et le danger qu'il y aurait pour nous dans la poursuite inconsidérée de ce qui nous plaît; mais si elle arrête les effets de cette disposition par la balance d'un intérêt prédominant, la disposition elle-même subsiste dans toute sa force, et c'est le desir éclairé du bonheur qui en réprime le desir aveugle. Ce *moi*, que Paschal ne haïssait dans les autres, que parce qu'un grand philosophe s'aime comme un homme du peuple, n'est donc pas haïssable en soi, puisqu'il est universel et nécessaire. Chacun éprouve cette personnalité de la part des autres, et la lui rend. On ne peut donc raisonnablement attendre de l'attachement de la part des hommes, qu'autant qu'on est de quelque utilité pour eux. L'attachement du chien pour le maître qui le nourrit, est une image fidèle de l'union des hommes entre eux. Si ses caresses durent encore lorsqu'il est rassasié, c'est que l'expérience des besoins passés lui en fait prévoir de nouveaux. Les liens qui unissent les hommes dans la société n'étant pas toujours formés par des besoins apparens ou de première nécessité, ils ont quelquefois un air de désintéressement et de liberté qui nous en impose. On ne regarde pas comme effets du besoin les plaisirs enchanteurs de l'amitié; on croit s'oublier soi-même en aimant ses amis, et en effet on sacrifie souvent pour eux des intérêts très-chers. Mais nous ne regardons ces sacrifices comme vraiment désintéressés, que faute de connaître tout ce qui est besoin pour nous. Cet homme, dont la conversation vive fait passer dans mon ame une ſoule d'idées, d'images, de sentimens, m'est aussi nécessaire que la nourriture l'est à celui qui a faim. Il me délivre de l'ennui, il me procure un sentiment vif et complet de mon existence, c'est-à-dire, qu'il satisfait à l'un des besoins les plus pressans que je puisse éprouver. *Vous m'êtes devenu si nécessaire, qu'il m'est impossible de vivre heureux sans vous*; c'est ce qu'on peut dire de plus flatteur à son ami. Plus nos attachemens sont viſs, plus nous sommes aisément trompés sur leur véritable motif. L'activité des passions excite et rassemble une ſoule d'idées dont l'union produit des chimères, comme la chaleur de la fièvre fait éclore des rêves dans le cerveau d'un malade. Cette erreur, sur le véritable but de nos passions, ne nous séduit jamais d'une manière plus marquée que dans l'amour. Lorsqu'au printems de notre âge le moment est arrivé où se fait sentir le besoin qui rapproche les sexes, l'espérance, jointe à quelques rapports souvent mal examinés, fixe sur un objet particulier nos vœux d'abord errans. Bientôt cet objet, toujours présent à nos desirs, détruit en nous tout intérêt pour ce qui n'est pas lui. L'imagination active va chercher des fleurs de toute espèce pour embellir son idole. Adorateur de son propre ouvrage, un jeune homme ardent voit dans sa maîtresse le chef-d'œuvre des graces, le modèle de la perfection, l'assemblage complet des merveilles de la nature. Son attention concentrée ne s'échappe un moment sur d'autres objets, que pour les subordonner à celui-là. Si son ame vient à s'épuiser par des mouvemens aussi rapides, une langueur tendre l'appesantit encore sur la même idée. L'image chérie ne l'abandonne dans le sommeil, qu'avec le sentiment de l'existence. Les songes la lui représentent; et, plus intéressante que la lumière, c'est elle qui lui rend la vie au moment du réveil. Alors, si l'art ou la pudeur d'une femme, sans désespérer ses vœux, les irrite par une réserve adroitement ménagée, le pouvoir des vertus se joint à l'illusion des charmes; la crainte et le respect lui laissent à peine lever des yeux tremblans sur cet objet majestueux. Ses desirs sont anéantis par une vénération profonde, ou bien ils cèdent au plaisir d'obéir à ce qu'il adore. Sa vie même serait mille fois prodiguée, si l'on desirait de lui cet hommage. Enfin arrive ce moment qu'il n'osait prévoir, et qui le rend égal aux dieux.

Le charme cesse avec le besoin de jouir ; les guirlandes se fanent, et les fleurs desséchées lui laissent voir une femme souvent aussi flétrie qu'elles.

C'est ainsi, Monsieur, que, dans la société, presque tous nos besoins se dénaturent au point de devenir méconnaissables. Les passions mêmes les plus actives perdent de vue leur objet naturel. Les objets secondaires, qui d'abord n'étaient envisagés que comme des moyens, prennent la première place. Si vous en exceptez les classes d'hommes continuellement occupés du soin de pourvoir à leur subsistance et des inquiétudes qui y sont relatives, vous trouverez tous les autres entraînés par des passions purement factices, ou du moins par ce qu'il entre de factice dans les passions naturelles. Ce ne sont plus ces besoins primitifs de nourriture, de vêtement, de logement, qui les occupent dès qu'une fois ces choses leur sont assurées. C'est alors qu'ils éprouvent immédiatement les effets des deux dispositions dont nous avons parlé, l'amour du repos et le besoin d'exister vivement, lesquelles, quoique contradictoires, agissent toujours ensemble. On peut être surpris, au premier coup-d'œil, que ce soient la paresse et l'ennui qui donnent le mouvement à l'univers; mais, en observant avec quelque attention, il est impossible de ne pas l'avouer. La haine du travail et la crainte de l'ennui combinées ensemble, produisent d'abord très-directement l'amour du pouvoir. On regarde comme un de ses privilèges, l'assurance d'être heureux sans peine. On ne peut être fortement remué et intéressé sans fatigue, que par l'impression reçue des objets extérieurs; mais comme ces objets ne se présentent pas d'eux-mêmes, il faut donc que d'autres hommes soient occupés à rassembler tout ce qui peut exciter en nous des sensations qui nous agitent, sans que nous ayions la peine de l'activité. Or, rien n'est plus commode à cet égard que d'être le maître, et d'ordonner. C'est ce qui fait que les hommes ont tous une disposition naturelle au despotisme, et que l'exercice en est sur-tout cher à ceux qui sont désoccupés. Le conte du Sultan, qui voulait qu'on lui récitât des histoires amusantes sous peine d'être étranglé, est une histoire assez fidèle des dispositions secrètes de la classe oisive de la société. Mais comme il n'y a guère de vœux durables sans espérance, la tendance au despotisme qu'ont tous les hommes, est limitée dans la plupart par le sentiment de l'impuissance ; et elle se borne à acquérir la supériorité dans la classe où l'on peut espérer de s'élever. Il en résulte seulement dans chaque homme un desir inquiet d'élévation qui l'éveille, le tourmente, et le tient souvent agité pendant toute sa vie, quoiqu'il ait pour premier principe l'amour du repos. L'idée de distinction étant une fois établie, elle devient dominante, et cette passion subséquente anéantit celle qui lui a donné la naissance. Dès qu'un homme s'est comparé avec ceux qui l'environnent, et qu'il a attaché de l'importance à s'en faire regarder, ses véritables besoins ne sont plus l'objet de son attention ni de ses démarches. S'il ne peut pas être, il veut du moins paraître ; et de là, dans la plupart, le goût de la décoration extérieure et de tout l'appareil qui peut donner aux autres l'idée du pouvoir. La modération, qui n'est que l'effet d'une paresse plus profonde et mieux raisonnée, est devenue assez rare pour être admirée ; et dès-lors elle a pu être encore un objet d'ambition, puisqu'elle était un moyen de considération. Les hommes modérés ont même été de tout tems soupçonnés de masquer des desseins, parce qu'on ne suppose dans les autres que la disposition dont on est soi-même affecté. Si l'on n'espère pas attirer sur soi les regards de l'univers ou d'une république entière, on se contente de se faire remarquer de ses voisins, de primer sur ses égaux; et l'on devient heureux par l'attention concentrée de son petit cercle. Les prétentions particularisées suivant les goûts et les moyens, donnent lieu à ces différentes classes qui divisent et circonscrivent les connaissances et les emplois. Beaucoup d'individus s'agitent dans chaque tourbillon pour arriver aux premiers rangs. Le faible ne pouvant s'élever, devient envieux, et fait des efforts pour abaisser ceux qui s'élèvent. L'envie, exaltée et différemment modifiée, produit quelquefois de grands crimes, et toujours les petites noirceurs qui désolent la société. Ce desir, par lequel chacun tend à monter au-dessus de la place qui lui est assignée, semble être en contradiction avec une pente à l'esclavage qu'on remarque dans la plupart des hommes, et qui cependant n'est encore qu'une suite de l'amour du pouvoir. Autrefois la crainte et une sorte de saisissement d'admiration, ont dû soumettre les hommes ordinaires à ceux que des passions fortes portaient à des actions utiles et hardies. Mais ce n'est pas de ce genre de soumission dont il est question ici. Je parle encore de cet esclavage si commun que s'imposent, par exemple, dans les cours, des gens qui pourraient vivre indépendans sous la protection des lois. C'est l'amour du pouvoir qui conduit à celui-là. On rampe aux pieds du trône, afin d'être encore au-dessus d'une foule de têtes qu'on aime à faire courber. Il doit en résulter que les esclaves les plus bas avec leurs supérieurs, sont les despotes les plus hautains avec ceux que la fortune place au-dessous d'eux ; et c'est en effet ce qu'on voit toujours arriver. Le Visir, humilié en présence de son maître, est bien pressé de rendre aux Bachas les dédains du Grand-Seigneur. L'amour des richesses n'est encore que l'amour du pouvoir, c'est-à-dire, le desir d'éprouver sans peine des sensations nouvelles et intéressantes ; car les jouissances naturelles et immédiates n'exigent pas la nécessité d'être riche. Mais dans toute société nombreuse, où la propriété est assurée par les lois, les richesses donnent en effet le plus réel des pouvoirs. Celui qui peut fournir aux besoins, soit naturels, soit factices, d'un grand nombre d'hommes, est assuré de leurs soins et de leur empressement. Le desir d'acquérir des richesses est donc un produit nécessaire de l'état social; c'est une conséquence directe de la tendance naturelle de l'homme vers le repos, jointe au besoin d'exister d'une manière vive. Aussi les hommes, en général, sont-ils très-avides des richesses et du pouvoir. Mais l'activité avec laquelle on les poursuit, et qui sert à les obtenir, devient elle-même, par l'habitude, un besoin qui se fait vivement sentir. On travaille donc, on s'agite long-tems pour arriver à un repos dont on n'est plus capable lorsqu'on en a acquis les moyens. De là cette insatiabilité qu'on reproche aux avares et aux ambitieux dans tous les genres. Ils n'ont plus le besoin de posséder, ils sont tourmentés de celui d'acquérir; et la nécessité d'une agitation continuelle est en eux une production de l'amour du repos. C'est ainsi, Monsieur, que, dans l'état social, les passions, les dispositions les plus naturelles à l'homme, s'altèrent par degré, et changent d'objet. La sociabilité même, c'est-à-dire, cette inclination qui approche les hommes les uns des autres, s'oblitère et n'agit presque plus sur les hommes rassemblés. Ceux qui poursuivent les mêmes jouissances, et qui ont des prétentions communes, sont au contraire entre eux dans un état d'effort réciproque. Si les hostilités ne sont pas continuelles, c'est un repos semblable à celui des gardes avancées de deux camps ennemis. L'inutilité reconnue de l'attaque maintient entre elles les apparences de la paix. De tout ce que nous venons de dire, on pourrait conclure que l'état social tend à dépraver l'homme ; que les intérêts diversifiés qu'il fait naître et la concurrence qu'il établit, en éveillant l'industrie, en excitant les efforts, produisent à la vérité les connaissances et leurs progrès, mais qui ne sont que trop rachetés par les crimes qui ont la même origine. Cette conclusion ne serait pas légitime, et ce serait attribuer à l'état social ce qui n'est dû qu'à la forme particulière de la plupart des sociétés que nous connaissons.

L'homme isolé serait très-malheureux. L'association lui est nécessaire ; il y tend par ses intérêts et ses inclinations, et l'état social en lui-même devrait contribuer au bonheur de tous. Mais ce bonheur de tous, qui est l'objet naturel de l'état social, ne paraît pas être celui des constitutions particulières de société, établies ordinairement par la violence, l'usurpation ou le hasard, et fondées sur les intérêts du plus petit nombre. Ce sont ces constitutions auxquelles on peut reprocher de ne pas procurer aux hommes les avantages qui pourraient naturellement résulter de l'état social. Quelle est la meilleure forme de gouvernement possible ? C'est un problême qui ne sera pas sitôt résolu. On peut assurer seulement que si une société était composée de manière qu'une trop grande inégalité ne laissât pas le plus grand nombre dans une indigence à laquelle une opulence excessive fût dans le cas d'insulter; que chacun des membres, ayant la propriété de sa personne, fût assuré de plus de se procurer l'aisance de la vie par un travail modéré; qu'il n'y eût point dans des villes immenses de ces collections de désœuvrés, embarrassés de leur existence et occupés à en renouveler le sentiment par toutes sortes de moyens; que la considération fût attachée uniquement aux services rendus au public; que l'inutilité devînt constamment l'enseigne du mépris : alors l'état social procurerait aux hommes rassemblés le plus grand bonheur dont la faible humanité soit susceptible.

Ce n'est pas, Monsieur, qu'on puisse espérer dans aucune constitution une perpétuité, ni même une permanence d'état portée à un certain degré. Quand même la forme de la société ne dénaturerait pas nos affections primitives, elles le seraient peu à peu par une disposition qui agit continuellement et sourdement en nous. Nous avons remarqué que nos sensations s'affaiblissent par leur continuité, et qu'elles ne nous laissent à la fin que le souvenir fatigant d'une existence vive, qui nous échappe sans cesse, et que sans cesse nous cherchons à rappeler. Comme la fermentation aigrit insensiblement les liqueurs, cette disposition altère en nous les impressions les plus sacrées de la nature, et nous rend aujourd'hui nécessaire ce dont hier nous aurions frémi. Les jeux du cirque, dans lesquels les gladiateurs se retiraient après avoir reçu quelques blessures, parurent bientôt insipides aux dames romaines. On vit ce sexe, fait pour la pitié, poursuivre à grands cris la mort des combattans. On exigea dans la suite qu'ils expirassent avec grace, dit l'abbé Dubos, et cette barbarie devint nécessaire pour achever l'émotion et compléter le plaisir. Par-là notre attention se porte avec intérêt sur tous les spectacles extraordinaires ; nous recherchons avec vivacité tout ce qui excite en nous beaucoup d'idées, et sur-tout des sensations nouvelles. Par-là sont déterminés même nos goûts purement physiques. Si les liqueurs fortes nous plaisent, c'est principalement parce que le mouvement qu'elles communiquent au sang multiplie les idées, les rend plus vives, et semble doubler l'existence. On pourrait en conclure que ce qu'on appelle plaisir, ne consiste que dans le sentiment de l'existence, porté à un certain dégré. En effet, en suivant ceux du chatouillement, depuis cette sensation vague, qui est une importunité, jusqu'à ce dernier terme au-delà duquel est la douleur ; en remontant du chagrin le plus profond jusqu'à cette douleur tendre et intéressante qui en est une teinte affaiblie, on serait tenté de croire que la douleur et le plaisir, qui sont si essentiellement différens, ne diffèrent au fond que par des nuances. Quoiqu'il en soit, il est certain que nous devons au besoin d'être émus une curiosité qui devient la passion de ceux qui n'en n'ont point d'autre, un goût pour le merveilleux qui produit souvent une crédulité ridicule, une inquiétude qui nous porte sans cesse hors de nous, et nous promène dans la région des chimères bien plus vaste que celle des réalités. Ce qui est renfermé dans les termes de la raison, ne peut pas être long-tems pour nous le point fixe du bonheur. Les choses difficiles et outrées, les idées hors de la nature, doivent séduire presque sûrement la plus grande partie des hommes. La vigilance religieuse et l'occupation de la prière, ne suffisent pas à l'imagination mélancolique d'un Bonze. Il lui faut des chaînes dont il se charge, des charbons ardens qu'il mette sur sa tête, des clous qu'il s'enfonce dans les chairs. Par ces différens genres de rigueur qu'il exerce contre lui-même, il est averti de son existence d'une manière plus intime et plus forte que celui qui remplit simplement les devoirs de la vie civile et de la charité. Suivez le cours de toutes les affections humaines, de celles mêmes qui semblent tenir à la constitution des individus, et qui par-là devraient être moins susceptibles d'altération, vous les verrez tendre à s'exalter au point de paraître entièrement défigurées. L'homme délicat et sensible est menacé de devenir pusillanime. Le courage dégénère souvent en dureté. Le contemplatif devient quiétiste, et le zélé est bientôt un homme atroce. La gaîté même, ce caractère actif qui se montre de la manière la plus constante dans quelques individus, est aussi dans la plupart susceptible d'altération. Il est rare qu'elle dure plus long-tems que la jeunesse, parce qu'elle est absorbée par les passions qui occupent l'ame plus profondément, ou détruite par son exercice même. Mais dans ceux en qui ce caractère subsiste plus long-tems, parce qu'ils ne sont capables que d'intérêts superficiels, il s'altère par degrés, et perd beaucoup de son honnêteté première. Les hommes légers, qui n'ont que la gaîté pour attribut, ressemblent assez à ces jeunes animaux qui, après avoir épuisé toutes les situations plaisantes, finissent par égratigner et mordre. Cette pente, qui entraîne presque tous les individus, peut être remarquée aussi dans l'ensemble des grands évènemens qui ont agité la terre. Suivez l'histoire de toutes les nations, vous verrez les meilleurs gouvernemens, ceux qui paraissaient le plus solidement établis, subir une altération graduelle, et finir par se trouver dénaturés. La démocratie, par l'effet d'une fermentation lente, devient aristocratie, et finit souvent par la tyrannie. La monarchie modérée est changée, avec le tems, en pouvoir arbitraire; et si, dans un état, il n'arrive pas de révolution par des causes extérieures, une cause interne et toujours agissante précipite toutes les formes de gouvernement dans l'abîme du despotisme, qui lui-même occasionne les plus fréquentes et les plus terribles révolutions. On retrouve encore cette même altération dans les mœurs et le génie des nations différentes. Lorsqu'un peuple commence à se former, que l'Etat n'a point encore acquis la consistance nécessaire, que la crainte des voisins oblige à la vigilance, on voit régner parmi ce peuple des mœurs agrestes, mais vigoureuses, avec de grandes vertus. L'intérêt de la sûreté tient toutes les ames dans un état d'effort; et, si à l'esprit de conservation succède celui d'agrandissement et de conquête, on verra durer pendant quelque tems l'héroïsme, la sévérité des mœurs, et l'enthousiasme patriotique. Mais quand l'Etat est enfin parvenu à acquérir une étendue et une forme qui assurent la tranquillité des citoyens et qui écartent la crainte des troubles, soit au-dedans, soit au-dehors, la sécurité commence à polir les mœurs, et les rend plus faibles et plus douces. Les idées se tournent du côté des plaisirs, mais la vertu règne encore au milieu d'eux. Une urbanité modeste couvre la volupté d'un voile qui la rend d'abord plus piquante, mais qui devient bientôt importun. Alors tous les vices se produisent peu à peu sans pudeur; la réserve et la décence sont des ridicules; la probité un peu rigide devient de mauvaise compagnie; et ne pas tolérer du moins d'agréables frippons, c'est ne pas savoir vivre. Dans les arts, vous verrez l'architecture quitter une simplicité noble pour prodiguer les ornemens; la peinture chargera son coloris: la même altération se fera sentir dans les ouvrages d'esprit. Le besoin de nouveauté mettra la finesse à la place de l'élégance, l'obscurité prendra celle de la force; on sophistiquera tout; une métaphysique puérile analysera froidement les sentimens, au lieu d'échauffer les ames. Tout sera perdu, si quelques génies extraordinaires ne rompent pas cette démarche naturelle des penchans humains; mais il peut arriver que la physique expérimentale cultivée, la science du gouvernement méditée et approfondie, ou le tableau de la nature présenté par des hommes d'une trempe forte, donnent à l'esprit humain un spectacle qui étende ses vues, et fasse naître un nouvel ordre de choses. Un génie heureux peut changer la forme des esprits de son siècle, comme une révolution change souvent le gouvernement d'une nation.

Nous voyons, Monsieur, que l'homme, paresseux par sa nature, mais agité par le besoin d'avoir un sentiment vif de son existence, est dans la société le jouet continuel d'un espoir qui ne se renouvelle que pour le trahir. Fatigué, dans la recherche du bonheur, par la nécessité de se garantir contre les intérêts qui croisent le sien; rebuté par les obstacles, ou dégoûté par la jouissance, il semble que la méchanceté lui doive être pardonnable, et que le malheur soit son état naturel. Je ne parle ici que de la classe oisive de la société, de celle qui, ayant sa subsistance amplement assurée, n'est mise en mouvement que par des besoins factices, et ne peut renouveler le sentiment de son existence, qu'en renouvelant sans cesse les objets de son occupation et de sa jouissance. Les hommes, que la nécessité de pourvoir aux besoins indispensables tient attachés à un travail assidu, sont bien plus près du bonheur et plus loin du crime, que ceux dont communément ils regardent le sort avec envie. S'ils sont assurés de se procurer, par leur travail, toutes les choses nécessaires à la vie aisée, ils éprouvent le plus haut degré de bonheur dont la nature humaine soit susceptible. Le travail même est pour eux cette occupation intéressante que les autres cherchent et qui les fuit toujours. Dans leurs momens de relâche, ils jouissent pleinement des dissipations les plus légères et les plus innocentes, qui n'effleurent pas les ames épuisées par un loisir continuel. On peut encore mettre au rang des hommes heureux ceux qu'un goût naturel, et sur-tout l'habitude, ont passionnés pour les arts, pour les sciences, et pour les lettres. Ils trouvent dans l'usage de cette passion une occupation et des jouissances sans cesse renouvelées. Les objets en sont si multipliés, qu'ils n'ont point à craindre d'en manquer. D'ailleurs, l'exercice habituel de la raison et du goût fortifie l'un et l'autre sans fatiguer, et donne même le desir de les exercer de plus en plus. Il n'est point d'hommes qui puissent jouir plus complètement d'eux-mêmes et de ce qui les environne, sur-tout s'ils savent se défendre de la jalousie et des excès de la rivalité, d'une sensibilité outrée aux mauvais succès qu'ils peuvent avoir, et d'une joie perfide des malheurs d'autrui.

C'est sur-tout, Monsieur, sur ces deux classes d'hommes qu'on voit agir le plus puissamment ce sentiment dont nous avons parlé, cette pitié tendre qui intéresse naturellement les hommes les uns aux autres, et qui est le fondement de ce que nous appelons humanité. Ce germe précieux de toutes les vertus se développe moins dans ceux qui sont agités de passions moins modérées, ou qui n'éprouvent qu'un sentiment pénible de l'existence. L'intérêt d'autrui ne peut guère toucher ceux que l'ennui rend à charge à eux-mêmes. Mais, si vous en exceptez quelques monstres atrabilaires qu'une organisation malheureuse et rare porte à la cruauté, et peut-être quelques autres à qui l'habitude a rendu cette émotion nécessaire, les hommes, en général, sont affectés des peines de leurs semblables, lorsque des passions particulières ne font pas taire en eux la nature. Si ce doux sentiment ne s'exalte que dans un petit nombre, jusqu'au point de balancer l'amour-propre, il en tempère l'activité dans presque tous. Peu semblables aux autres genres d'émotion, il se fortifie par l'usage, et la répétition des actes rend la bienfaisance de plus en plus intéressante pour celui qui l'exerce. Si le grand nombre de passions factices qui agitent les individus dans la société civilisée, empêche cette disposition de se développer, si des besoins multipliés et stimulans rendent l'homme plus personnel et plus distrait sur ce qui peut intéresser les autres, on peut dire aussi que la société étend la sphère de la pitié naturelle, et la rend d'un usage bien plus habituel. L'homme agreste et sauvage ne peut être que rarement ému. Il faut pour cela qu'il soit témoin de l'excès des douleurs ou des besoins, parce que les douleurs légères ne sont pas même un malheur pour lui, et qu'on ne plaint pas autrui de ce que soi-même on ne redoute pas. Mais il entre tant d'attirail et d'élémens dans le bonheur d'un homme civilisé, il y a tant de privations qui le rendent réellement à plaindre, que la compassion naturelle peut s'exercer à son égard sur une infinité d'objets; et il n'est presque pas de momens, dans la société, où l'homme sensible ne puisse être tendrement intéressé. Heureux ceux en qui ce sentiment agit d'une manière uniforme et constante! Adorés de ceux qui les environnent, chacun s'empresse de leur rendre la disposition qu'ils éprouvent, et dont ils jouiraient encore quand on ne la leur rendrait pas. On ne saurait donc l'inspirer de trop bonne heure aux enfans, pour leur bien propre et celui de la société. On devrait chercher à l'exciter en eux par des spectacles pathétiques, et leur présenter des images attendrissantes qui les accoutumassent à s'en pénétrer. Des leçons d'humanité seraient plus de leur goût, et leur serviraient sûrement plus que les mots barbares dont on les fatigue. Si ces idées ne sont pas fort actives pendant l'effervescence de la jeunesse, elles s'emparent du terrein que les passions abandonnent, et leur douceur remplace l'ivresse des plaisirs. Elles élèvent et remplissent l'ame. L'homme dont la journée aurait été employée à faire du bien, et qui le soir n'éprouverait pas le sentiment pur et complet du bonheur, serait un être contradictoire et inconcevable.

Je dis, Monsieur, qu'on pourrait développer dans les enfans le germe d'une compassion vertueuse, et que ce serait leur préparer un avenir heureux. Il faut dire aussi qu'il est facile de leur inspirer tous les préjugés favorables, soit au bien des hommes en général, soit à l'avantage de la société particulière dans laquelle ils auront à vivre. Ces heureux préjugés faisaient à Sparte autant de héros que de citoyens. Dans les situations où l'héroïsme n'est pas si nécessaire, ils pourraient produire aussi toutes les autres vertus relatives au bien public. L'amour-propre étant une fois dirigé vers un objet, une première action généreuse est un engagement pour la seconde, et des efforts qu'on a faits naît l'estime de soi-même, qui soutient et assure le caractère qu'on s'est donné. On devient pour soi le juge le plus sévère. Cet orgueil estimable maîtrise l'ame, et produit ces vertus sublimes que leur rareté fait regarder comme hors de la nature. L'estime de soi-même est le seul principe de toutes les actions fortes et généreuses, qui ne sont pas commandées par le fanatisme. On ne doit point en attendre de tout esclave avili par la crainte. L'asservissement ne conduit qu'à la bassesse et au crime. Mais cette éducation, qui modifie ainsi les hommes en général, et leur imprime un caractère, sont-ce les préceptes, les instructions, les livres de morale, qui peuvent la donner? L'expérience n'apprend que trop que la raison, la discussion, l'exposition froide de la vérité n'ont aucun pouvoir sur la plupart des hommes. L'homme est un animal imitateur. C'est l'action, c'est la passion, qui le modifie et le subjugue. Excepté quelques ames privilégiées, qui jugent de l'essence des choses par ce qu'elles sentent elles-mêmes, et qui sont faites pour résister au torrent, les autres sont entraînées par l'imitation. C'est elle qui fait prosterner l'enfant aux pieds des autels, qui donne l'air et souvent le caractère grave au fils d'un magistrat, et la contenance fière avec le courage à celui d'un guerrier. Dans une société nombreuse, les modifications se combinent à l'infini; mais l'influence de l'opinion la plus générale donne à tous ceux qui composent chaque société particulière un air de ressemblance qui la distingue des autres. La continuité des exemples domestiques fait sans doute une impression forte sur les enfans; mais si les mœurs publiques sont en contradiction avec ces exemples, leur impression plus forte anéantit la première dans les adolescens. Ainsi les hommes, avec les mêmes besoins et les mêmes moyens, peuvent être différens, et même essentiellement, d'un siècle à l'autre, comme de nation à nation. On a vu depuis peu le siècle de la Chevalerie, les siècles des beaux arts ; on voit peut-être celui de la philosophie, et malheureusement on a vu plusieurs siècles de barbarie, de fanatisme et de superstitions chez plusieurs nations différentes. Puisque ce sont l'exemple et l'opinion qui déterminent dans la société les objets auxquels l'amour du bien-être doit faire aspirer les particuliers qui la composent, il s'ensuit que les hommes, pris en masse, sont le produit de l'exemple et de l'opinion, et qu'il est à-peu-près possible de leur donner la forme qu'on veut. Cela est sur-tout facile dans une monarchie, parce que le trône est un piédestal sur lequel, par mille raisons, l'imitation va chercher son modèle. Si les républiques ont, dans l'égalité qui est de leur essence, un excellent moyen de conserver les mœurs pendant un certain tems, lorsqu'enfin, par le progrès naturel des choses, ces mœurs se sont une fois corrompues, le désordre y devient beaucoup plus difficile à réparer. Le principe d'égalité ne permet point qu'un homme devienne un spectacle entraînant pour les autres, et la vertu de Caton fut une satyre inutile des vices de son tems. Mais quelle que soit la forme du gouvernement, les opinions et les mœurs y dépendent infiniment de la situation actuelle de l'État, soit intérieure, soit relative à ses voisins. S'il est tranquille au-dehors, et qu'audedans le bon ordre et l'aisance rendent les citoyens heureux, vous verrez éclore les arts de plaisir; et la mollesse, marchant à leur suite, énerver les corps, engourdir les courages, et conduire à l'affaissement par la volupté. Si des troubles étrangers ou des divisions intestines menacent la sûreté des citoyens, la vigilance naitra de l'inquiétude; l'espoir, la crainte et la haine agiteront une partie de la nation; et ces passions, portées à un haut degré, produiront des efforts, des talens et des crimes hardis. De tout ce que nous avons dit, Monsieur, on peut conclure que l'homme, quoique composé d'élémens simples, n'a point cependant de caractère particulier auquel on puisse reconnaitre tous les individus. L'amour du bien-être lui est commun avec tous les êtres sensibles; mais toutes les modifications reçues dans la société varient à l'infini, pour lui, les moyens d'être bien. Il en résulte une foule de goûts particuliers dissemblables, dont il faudrait connaitre la génération pour pouvoir les expliquer. C'est ce qui rend souvent, dans le détail, les hommes incompréhensibles et disparates; c'est ce qui fait que les règles prétendues générales ne sont applicables à presque aucun cas particulier. En jugeant des actions, on suppose aux autres les motifs qu'on aurait eus à leur place; et le petit nombre de ceux qui ont mis leur amour-propre à être honnêtes, y perdent toujours. Mais en considérant combien il entre d'élémens involontaires dans les déterminations et les jugemens de la plupart des individus, on doit être porté à une extrême indulgence pour l'espèce entière. Je vous en demande aussi, Monsieur, pour la longueur de cette lettre, dans laquelle pourtant je n'ai fait qu'effleurer une petite partie du grand sujet de l'homme. Je ne suis entré dans aucun détail, ni sur la formation du langage, dont l'étendue lui donne tant d'avantage, ni sur le privilège de l'écriture, qui fixe et perpétue ses connaissances, ni sur l'invention et les progrès de ses différens arts, ni sur sa disposition naturelle à l'adoration et au culte de la Divinité, qui lui rendait si nécessaire, pour la régler, une révélation qui lui a été si utile. Mais, comme je vous en ai prévenu, j'ai dû me borner, dans mon esquisse, à quelques traits principaux, et il faut bien que vous vous contentiez de ce que je puis.

J'ai l'honneur d'être, etc.

LETTRE II

A MADAME ***

SUR LES ANIMAUX.

Il est inconcevable, Madame, combien les personnes qui sont résolues à n'admettre point d'intelligence dans les bêtes, se sont tourmentées pour expliquer l'ensemble de leurs actions. Les uns en font le résultat d'un mécanisme incompréhensible, qui, s'il pouvait avoir lieu, entraînerait les conséquences les plus dangereuses. D'autres, comme M. Reimar, docteur allemand, qui a fait un gros livre sur l'instinct des animaux, leur donnent *des sensations confuses*, *une mémoire confuse*, *etc.* Il prétend que, pour comparer, pour juger, on a besoin de représentations distinctes; mais que pour agir il ne faut que des représentations confuses. Il établit qu'il n'y a que de l'analogie entre les actions des bêtes et les opérations de notre ame, qu'elles ne peuvent point avoir de motifs, et qu'elles agissent seulement dans l'ordre où nous aurions pensé. Il assure qu'elles ne se souviennent que de l'*aujourd'hui*; que l'*hier*, et plus encore l'*avant-hier*, sont nuls pour elles. En un mot, il en parle aussi positivement, et d'une manière aussi affirmative que si son ame eût animé le corps de quelque animal, et qu'ensuite elle eût conservé le souvenir complet de son état précédent. Tous ces Messieurs s'accordent à poser en fait ce qui est en question; ils vous disent, par exemple, que, puisque les animaux sont des êtres *irraisonnables*, il est clair qu'ils ne peuvent pas raisonner. D'autres fois ils font des suppositions gratuites. Ils assurent que les animaux naissent parfaitement instruits, et que, sans avoir jamais rien appris, ils exécutent, dans le dernier degré de perfection, les plus industrieux de leurs ouvrages. C'est un fait évidemment faux pour tous ceux qui ont pris la peine d'examiner. Mais les faits ne concluent rien, suivant ces Messieurs. C'est sans doute une manière nouvelle que de rejeter les faits pour juger d'après des suppositions. Le Physicien de Nuremberg a répondu, comme vous l'avez vu, Mádame, à la plupart de ces assertions, objections, etc., d'une manière qui me paraît victorieuse. Mais il faut revenir plus d'une fois sur la vérité, sur-tout quand on a affaire à des docteurs. Vous trouverez donc bon que j'en reprenne quelques-unes, au hasard de vous donner des répétions.

Ce n'est que par la réflexion sur ce que nous éprouvons nous-mêmes, que nous pouvons juger les êtres animés qui nous environnent. Dès que nous observons une suite, et sur-tout une suite longue et variée d'actions qui n'auraient pas pu avoir lieu pour nous sans certains motifs, nous sommes en droit de juger que l'être agissant a eu ces mêmes motifs. Non-seulement cette analogie est légitime, mais nous n'avons pas d'élémens qui puissent nous autoriser, avec quelque apparence de raison, à lui supposer d'autres principes d'action. Cependant M. Reimar prétend qu'un chien qui voit le bâton de son maître levé, et qui, en conséquence, l'approche d'une manière soumise pour le fléchir, parce qu'il a l'expérience que cela lui a réussi, est bien loin de raisonner; mais qu'il a seulement la *représentation confuse et simultanée* d'un bâton levé, de la douleur qui peut en résulter, et de l'indulgence du maître qui sera le fruit de son air soumis. S'il est vrai, comme le prouve le lord Shaftesbury, que le ridicule soit une pierre de touche sûre en fait d'opinions, il suffit d'exposer celle-ci pour la réfuter. Je crois bien que le chien n'aura pas l'idée distincte d'une suite de syllogismes en forme qu'articulerait en pareil cas un docteur allemand; mais il est évident que son action serait sans motif, ou, si l'on veut, n'aurait pas de raison suffisante si elle n'était, pour le moins, le résultat d'un enthymème dont les deux termes frappent clairement et vivement son imagination.

Les docteurs sont sujets à confondre le raisonnement avec l'argumentation. Ce sont pourtant deux choses fort différentes. L'argumentation suppose une langue parlée ou écrite. Sa forme ordinaire consiste à tirer une conséquence d'une idée connue et avouée, par le moyen d'une troisième qui leur sert de liaison. Le raisonnement va beaucoup plus vite : il suffit, pour en faire un, d'appercevoir l'identité entre deux idées. Si elle n'y est pas, le raisonnement ne vaut rien; car il ne doit être que le prononcé, soit en parole, soit en action, de cette identité. Voulez-vous mettre en forme d'argument l'action du chien qui s'humilie en voyant le bâton levé, vous y trouverez deux suites d'idées qui ont chacune deux termes, avec celle qui les lie ensemble. La vue du bâton levé, le souvenir de la douleur, l'idée du rapport entre ces deux sensations; premier syllogisme. Le souvenir des actes d'humiliation, en pareil cas, celui de l'indulgence qui s'en est suivie, la détermination qui est la conséquence du rapport entre ces deux faits; second syllogisme. Voilà bien la matière de deux raisonnemens. Il est clair que la mémoire et l'imagination du chien en ont promptement parcouru tous les termes, sans quoi il n'aurait point agi.

Rien ne ressemble plus aux qualités occultes des anciens, que les principes d'où M. Reimar fait dériver les actions des animaux. Il dit, par exemple, qu'un oiseau de passage a une perception intérieure du tems où il doit changer de pays, et qu'il sent un attrait vers une certaine région. Il faut convenir que l'attrait d'un être qui sent vers une région dont il n'aurait point de connaissance, serait une chose fort extraordinaire, et que la perception d'un être qui ne sentirait pas, le serait encore plus. Il est difficile, sans doute, de deviner précisément comment s'est établie originairement cette habitude de changer de pays. On peut croire pourtant que l'incommodité d'une température qui ne convenait plus à la constitution de l'animal y a donné lieu, de proche en proche; peut-être a-t-il fallu plus d'un siècle pour établir, par degrés, la régularité parfaite de ces transmigrations. Mais, dans l'état actuel, il est certain que la connaissance de la nécessité du passage, et du tems auquel il doit s'exécuter, est le fruit d'une instruction qui se perpétue de race en race. Le passage n'a pas lieu pour ceux à qui l'instruction a manqué, et il est visible que les jeunes oiseaux sont conduits par ceux à qui l'âge et l'expérience donnent les connaissances et l'autorité. Prenons pour exemple les hirondelles, que tout le monde est à portée d'observer. D'abord le départ est toujours précédé par des assemblées dont la fréquence et la durée ne peuvent pas laisser douter qu'elles n'aient pour objet tous les préparatifs d'un voyage entrepris par des êtres qui ont la faculté de sentir et de s'entendre, et que rassemble un projet commun. Le babil rapide et varié qui règne dans ces assemblées, indique clairement une communication et des préceptes, devenus nécessaires à la nombreuse progéniture de l'année. Elle doit avoir besoin d'instructions préliminaires, et souvent répétées, pour être préparée à ce grand évènement. Les essais multipliés de voler en troupe ne sont pas moins indispensables, et ils sont toujours suivis d'une répétition d'enseignemens qui font retentir nos toîts et nos cheminées. Des hommes rassemblés, dont nous n'entendrions pas la langue, ne marqueraient pas pour nous un projet pareil d'une manière différente. Mais un phénomène qui se répète souvent, prouve mieux que cette analogie, que ces transmigrations, ne sont point le résultat d'une disposition sourde et machinale. Lorsqu'au moment indiqué pour le passage, moment que la saison ne permet pas de retarder sans compromettre le salut de l'espèce entière, il se trouve un nombre, même assez grand, d'individus trop jeunes pour suivre la troupe, ils sont abandonnés, et restent dans le pays. Mais ils ont beau y devenir adultes, *l'attrait vers une certaine région* ne se fait point sentir, ou du moins ne suffit pas pour les guider. Ils périssent à la fin, victimes de leur ignorance et de cette naissance tardive qui leur a ôté les moyens de suivre leurs parens. Si, comme on le prétend, les actions des animaux s'exécutaient par des *forces de nature aveugles*, aucun de ces inconvéniens n'arriverait. Il n'y aurait point de naissances tardives. Toutes les actions particulières s'exécuteraient dans un moment déterminé, comme des pendules bien réglées sonnent toutes à la même heure; une partie considérable de l'espèce ne se trouverait point sacrifiée aux erreurs de la volonté de ceux auxquels elle doit la naissance.

Une sorte d'uniformité, ou plutôt de ressemblance, qui se fait remarquer entre les actions des individus de chaque espèce, a fait croire qu'ils étaient privés de liberté, et, comme le dit M. Reimar, qu'ils « exerçaient aveuglément une industrie innée, uniforme et régulière, de la manière la plus parfaite et la plus avantageuse à leur bien-être et à celui de l'espèce entière. » Mais cette régularité, cette perfection, n'est que la chimère d'un observateur inattentif ou prévenu. Il y a sans doute dans tous les animaux quelques dispositions qu'on peut appeler machinales, quelques tendances naturelles vers les objets qui leur conviennent. Il faut bien que, sans expérience précédente, ils soient portés à exécuter certaines actions nécessaires à la conservation, soit de leur individu, soit de leur espèce. C'est un résultat de conformation qui est commun à tous les êtres qui sentent. Mais il n'exclud ni la liberté, ni une sorte de choix entre les formes générales prescrites par l'organisation. Au tems de la fermentation de l'amour, deux jeunes oiseaux sont poussés par un sentiment intime, à se chercher, à s'agacer, à s'accoupler, à bâtir un nid, qui sans doute a, dans chaque espèce, un ensemble de conditions déterminées, mais sur la façon duquel l'expérience donne des leçons aux individus; car il est sûr que celui des vieux oiseaux est toujours mieux formé. Dans les précautions qu'ils prennent pour parer aux inconvéniens, il est aisé de reconnaître un progrès sensible de connaissances acquises. Le Physicien de Nuremberg a fort bien remarqué que la même chose arriverait, et à-peu-près de la même manière, à deux enfans jetés dans une île déserte, et que le hasard aurait réunis. L'attrait machinal, qui rapproche les sexes, ne manquerait pas de se faire sentir ; et sûrement ces enfans, devenus adultes, devineraient l'intention de la nature. Il ne me paraît pas douteux non plus, qu'un lit de mousse ne fût préparé d'avance pour recevoir l'enfant qui devrait en résulter, et cette prévoyance serait due à une sorte d'inspiration ou distinct qu'il est sans doute fort difficile d'expliquer, mais qu'il est impossible de ne pas admettre. Beaucoup de ressemblances générales, une quantité infinie de différences particulières, voilà ce qui paraît être une loi universelle dans la nature. Quand on l'observe de près, on trouve sans cesse à admirer. Mais la sagesse doit souvent se résoudre à ne pas aller plus loin. Jouissons de ce qui est à notre portée, et ne nous livrons point à cette curiosité inquiète qui voudrait tout expliquer.

J'ai l'honneur d'être, etc.

LETTRE III

A MADAME ***.

J'AI bien peur, Madame, que vous ne vous repentiez de l'engagement que vous m'avez fait prendre de répondre aux objections qu'on accumule contre l'intelligence des bêtes. Pour les réfuter, il faut du moins vous en exposer une partie; et c'est jusqu'à l'ennui qu'on répète les principales. On pose éternellement en fait, comme je vous l'ai déjà dit, ce qui est en question. Si l'on prétend citer des faits, ils sont mal examinés, tronqués, dénués des circonstances essentielles qui les accompagnent. Ce ne sont plus des faits réels dont on puisse tirer quelque lumière. Si cela n'était pas indigne de la philosophie, je serais tenté de croire qu'on y met souvent de la mauvaise foi, parce qu'on est secrètement blessé d'une sorte de parité entre les animaux et nous; et qu'on est bien décidé à ne pas l'admettre. Je ne sais pourquoi nous nous ferions une peine de partager des idées avec des êtres qui partagent avec nous l'avantage d'être formés d'os, de chair, de sang, avec qui nous sommes en concurrence pour les appétits, et souvent en rivalité pour la nourriture. Quoiqu'il en soit, il faut que je continue de remplir la tâche que vous m'avez imposée; et je rentre en matière.

L'argument qu'on répète sans cesse, et qu'on présente sous toutes les formes, est tiré de ce que les animaux acquièrent en assez peu de tems la plus grande partie de ce qui leur est nécessaire pour se bien conduire, et qu'ensuite leurs progrès paraissent s'arrêter. Il n'est pas douteux qu'il n'y ait quelques opérations des bêtes sur lesquelles leur intelligence paraît précoce, ou du moins promptement formée. Il serait peut-être difficile pour nous d'y remarquer tous les détails de l'instruction graduée de l'expérience. Mais d'abord nous ignorons tout ce qui fait expérience pour elles; et comment le saurions-nous? puisque nous sommes condamnés à ignorer une partie des élémens qui entrent dans l'éducation de nos enfans, et même dans les progrès continuels de la nôtre. Nous savons bien, en général, que nous sommes disciples de nos sensations. Mais si nous voulons remonter à l'origine de nos habitudes ; si nous tentons d'expliquer celles de nos actions que nous regardons comme spontanées, nous nous perdrons sûrement dans ces détails. Il est certain cependant que nous n'en devons l'usage qu'à des réflexions sur ce que nous avons éprouvé. Lisez tout ce que dit M. l'abbé de Condillac sur le *moi* d'habitude, et le *moi* de réflexion ; vous y verrez comment celle-ci veille nécessairement à la naissance des habitudes, et comment l'habitude une fois formée prend le caractère de l'instinct, et laisse méconnaître son origine. Mais « pourquoi, dit M. Reimar, entre tous les moyens possibles qui pourraient conduire à certaines fins, les animaux choisissent-ils toujours le plus sage et le meilleur de tous » ? Pourquoi ? Parce qu'il est nécessaire que des êtres qui n'ont que peu de moyens à combiner fassent peu de méprises. Si ma partie est devenue telle, aux échecs, qu'il ne me reste plus que deux ou trois pièces, je ferai moins de fautes que quand la partie entière m'offre un grand nombre de combinaisons à faire. Voilà le cas des animaux. Leur organisation, et sur-tout leurs besoins, ne leur rendent qu'un petit nombre de perceptions nécessaires. Les habitudes d'où dépend leur conservation étant une fois formées, elles n'ont point d'intérêt à les étendre, elles n'ont donc presque aucun moyen de se tromper, à moins qu'on ne les déroute; et alors elles deviennent sujètes à l'erreur, comme l'a très-bien prouvé, par les faits, le Physicien de Nuremberg. Parmi nous, ceux que la nature a pourvus d'un sens droit, avec peu d'activité dans la mémoire, sont moins sujets à l'erreur que ceux à qui une mémoire turbulente et une ardente imagination présente à-la-fois, ou du moins avec rapidité, une foule d'idées.

L'uniformité apparente des ouvrages des bêtes a le même principe. Il est impossible que, destinées par la nature à des fins déterminées, et organisées en conséquence, elles ne soient pas retenues chacune dans les cercles affectés à son espèce, en raison de leurs besoins et de leurs moyens. Il serait absurde d'exiger que leur perfectibilité naturelle s'exerçât au-delà. Nier cette perfectibilité parce qu'ils ne peuvent pas aller plus loin que ne le comportent et leurs intérêts et les facultés qui peuvent s'accorder avec leur organisation, ce serait dire qu'un bâton n'a pas quatre pieds, parce qu'il n'en a pas six. Il est faux d'ailleurs que l'uniformité dans les ouvrages des bêtes soit telle, qu'on se plaît à la représenter. On n'est frappé d'abord que d'une ressemblance générale entre des productions du même genre. Ce n'est qu'après s'être familiarisé avec les objets, et avoir, en quelque façon, beaucoup vécu avec eux, qu'on commence à découvrir de la variété dans ce qu'on jugeait uniforme, et je ne dis pas seulement au premier aspect, mais après un examen qu'on croyait suffisant. L'habitude seule apprend à juger des différences, et donne le droit de prononcer. C'est par habitude que le berger d'un troupeau nombreux distingue chacun de ses moutons. De cent nids d'hirondelles bien examinés, il n'y en a pas deux qui se ressemblent parfaitement; et il faut bien qu'il y ait de la différence; car s'ils étaient semblables, ces mères n'auraient pas de moyen pour distinguer le leur de celui de leur voisine. Les ouvrages des hommes, qui doivent être infiniment plus variés, parce que leurs moyens donnent lieu à un bien plus grand nombre de combinaisons, auront cependant le même défaut d'uniformité apparente aux yeux qui ne seront pas exercés à les considérer. Un sauvage qu'on transporterait tout d'un coup au milieu de nos villes, serait révolté de l'infécondité de nos inventions. Quoi ! penserait-il, toujours des croisées disposées de la même manière à l'extérieur des maisons ! toujours la même distribution dans l'intérieur des appartemens ! toujours des colonnes au frontispice des grands édifices ! etc. Il jugerait au fond de son cœur qu'il n'y a de diversité qu'entre les cabanes des sauvages, à la vue desquelles il est accoutumé.

On est étonné que les animaux exécutent presque dès la naissance une partie des actions nécessaires à leur conservation, et l'on en conclut que le principe de ces actions est inné et purement mécanique. D'abord il est tout simple que la nature, qui proportionne en tout les moyens à la fin, ait accordé plus de facilité, plus de promptitude d'éducation, aux êtres animés, en raison de la durée de leur vie, et de ce qu'ils ont besoin d'apprendre pour subvenir à ses besoins ; or, vous verrez que cette règle est assez généralement suivie. Sans cela on verrait des espèces entières s'anéantir, parce qu'elles n'auraient pas eu le tems d'apprendre les moyens de se conserver.

Le Physicien de Nuremberg a eu raison de remarquer que sans doute l'éducation de la mouche éphémère devrait être très-courte, puisque dans un jour elle parcourt les principaux degrés de la plus longue vie, croître, se reproduire, dépérir, et mourir. On ne doit pas conclure que cette éducation soit nulle, de ce qu'on ne peut pas en observer les progrès. Nous ne pouvons pas juger davantage de l'impression que tous ces êtres reçoivent de la durée de leur existence. Le tems n'est rien moins qu'absolu par rapport à tous les êtres qui sentent. Sa vraie mesure pour nous n'est que la succession de nos idées. Il en est de même pour tous les êtres sensibles. Celui qui a eu le plus grand nombre de sensations ou d'idées, est celui qui a le plus vécu; et cette succession peut être si rapide, que vingt-quatre heures équivalent à la plus longue vie que nous connaissions. Il y a une autre observation à faire sur quelques-unes des dispositions que nous regardons comme innées et purement machinales; c'est qu'elles sont peut-être absolument dépendantes des habitudes acquises par les ancêtres des individus que nous voyons aujourd'hui. Il est démontré, par des faits incontestables, qu'un grand nombre de dispositions acquises uniquement par l'éducation, lorsqu'elles sont devenues habituelles, lorsqu'elles ont été maintenues de suite dans deux ou trois sujets, deviennent presque toujours héréditaires (1). Les descendans les apportent en naissant, de manière qu'elles ne se laissent pas distinguer des facultés qui tiennent de plus près à la constitution de l'animal. Il doit résulter de là que dans les espèces qui ont eu la liberté de perfectionner leurs facultés, les individus peuvent

(1) On pourrait multiplier beaucoup les exemples qui prouvent que dans les animaux la perfection des sens, acquise par l'exercice, se transmet ensuite par la naissance. On sait quels avantages le loup tire de l'excellence de son odorat, et avec quelle sûreté il se sert de cet organe. J'ai vu cette qualité sensiblement communiquée à la troisième génération du produit d'un chien avec une louve. Deux de ces animaux tenaient beaucoup, quant à la forme générale et aux inclinations, de l'espèce du loup. La domesticité avait un peu adouci leur naturel pervers, et ils étaient assez familiers avec ceux qu'ils voyaient ordinairement. Ils venaient lorsqu'on les appelait; mais non pas en ligne droite, comme font ordinairement les chiens. La défiance accompagnait toujours leur marche. Ils commençaient par prendre le vent; et quand ils s'étaient

transmettre à leurs enfans des dispositions plus heureuses que celles qu'eux-mêmes avaient reçues. Il est donc possible que ce que nous voyons exécuter à une partie des animaux, sans avoir besoin du tâtonnement de l'expérience, soit le fruit d'un savoir anciennement acquis, et qu'il y ait eu dans des tems antérieurs mille essais plus ou moins infructueux qui ont enfin conduit les races au degré de perfection que nous observons aujourd'hui dans quelques-uns de leurs ouvrages.

---

assurés, par le sens de l'odorat, de la personne qui les appelait, ils arrivaient à elle, et s'en laissaient caresser.

Il en est de même des autres sens. Les chiens de berger ont rarement le nez fin, parce que de race en race ils ne l'exercent pas; mais ils ont l'ouie et la vue excellentes. Aussi, malgré leur intelligence, qui s'augmente par leur commerce continuel avec leur maître, malgré leur docilité devenue presque naturelle, il est, en général, impossible d'en faire de bons chiens de chasse, parce qu'ils manquent du premier élément nécessaire, l'excellence du nez. Il y a sans doute quelques exceptions; mais on peut assurer qu'elles sont rares, lorsque les races ont été uniquement consacrées à la garde du troupeau : car le contraire arrive souvent.

Qu'entre les habitudes, celles qui le plus certainement ne sont qu'acquises se transmettent ensuite par la naissance, et prennent un caractère de spontanéité comme toutes les autres dispositions les plus naturelles de l'animal : c'est un fait auquel il est impossible de se refuser. Cette observation n'a point échappé au Physicien de Nuremberg. Il dit, et cela est certain, que les races de chiens qu'on a constamment dressés à arrêter et à rapporter le gibier, finissent par apporter, en naissant, ces deux dispositions. Cependant elles ne sont rien moins que naturelles. L'inclination de cet animal carnassier doit être de se jetter sur sa proie et de la dévorer. Ces dispositions s'oblitèrent et se perdent si l'on cesse de les entretenir pendant plusieurs générations; mais il en est de même de celles qui tiennent plus près à la nature. Telle est celle qu'ont les lapins de garenne à se creuser des terriers. Rendez-les domestiques, ils perdront, avec le tems, ce genre d'industrie. Après quelques générations, si vous voulez peupler une garenne avec ces lapins domestiques, ils ne se creuseront point de terriers; cette partie de leur instinct naturel est oblitérée, et ils ne s'apprendront à se livrer à ce genre de travail que quand des besoins, souvent répétés, leur en auront fait sentir la nécessité.

On peut donc conclure (1), avec le Physicien, que les espèces ont pu se perfectionner, et qu'une partie des bêtes est peut-être arrivée au point où il n'y a plus guère de progrès à attendre pour elles, à moins qu'il n'y eût quelque coin de la terre qui eût échappé aux recherches de l'homme, et dans lequel, sous un climat favorable, elles pussent se livrer, sans trouble, à l'exercice de toutes leurs facultés.

Mais si la perfectibilité est une qualité indéfinie, s'il est difficile d'en assigner le terme, il n'en est pas moins assuré qu'elle en a un.

Des besoins limités, des moyens bornés,

---

(1) On m'a assuré que des abeilles, portées dans l'Amérique méridionale, travaillèrent la première année à la construction d'une ruche, et à la fabrication du miel, pour leur nourriture d'hiver. Mais voyant que le pays leur fournissait des fleurs toute l'année, elles cessèrent de travailler, et l'on n'en obtint plus rien. Je ne garantis pas le fait, parce que je ne l'ai pas vu; mais il me paraît très-vraisemblable.

ne peuvent pas produire des combinaisons infinies. L'intelligence de l'homme a aussi des bornes qu'elles ne passera jamais, quoique ces bornes nous soient encore inconnues.

La promptitude de l'éducation des animaux, loin de nous faire conclure qu'ils sont des automates, ou quelque chose d'approchant, doit nous faire admirer la sagesse de la Nature, qui accorde un développement plus prompt de l'intelligence à des créatures destinées à être bientôt abandonnées à elles-mêmes, et forcées de pourvoir à leurs besoins. Nous comparons toujours d'ailleurs la lenteur des progrès de nos enfans avec la célérité de ceux de la plupart des autres animaux. Mais nous ne considérons pas assez que la faiblesse de nos enfans est souvent prolongée par nos soins mêmes. Ceux des sauvages, presque abandonnés à la Nature, sont beaucoup plutôt instruits que les nôtres, de tous les mouvemens nécessaires à leur conservation. D'un autre côté, parmi les animaux, ceux qui ont besoin d'être allaités périraient infailliblement sans les soins de la mère, plus ou moins prolongés, et sans le secours d'une éducation bien caractérisée. La louve apprend à ses petits à attaquer les animaux qu'ils doivent dévorer. Les oiseaux de proie enseignent à leurs petits à voler, et cet enseignement se marque par des essais répétés et gradués.

Cette obstination à vouloir attribuer à *des mouvemens aveugles*, *à des sensations matérielles*, *à une mémoire matérielle*, *etc.*, ce qui s'explique si facilement par l'exercice de l'intelligence, me paraît entraîner de dangereuses conséquences, que n'ont sûrement pas prévues les gens qui ont recours à ces idées incohérentes. Quelle relation peut-on concevoir entre la faculté de sentir et les propriétés connues de la matière? Par-tout où l'on observe une exacte proportion entre des moyens et une fin, il me semble qu'on est forcé d'admettre la direction d'une intelligence. C'est d'après ce principe qu'il est impossible de méconnaître l'intelligence suprême dans la formation de l'univers. C'est d'après cette vérité aussi évidente, qu'on a le droit de regarder comme absurde le système des atômes, agissans les uns sur les autres en vertu de certaines dispositions sourdes, d'où résulte le plus bel ordre de choses.

Sans recourir à un automatisme obscur et

dangereux ; n'est-il pas plus naturel, et en même tems plus satisfaisant, de considérer la sensibilité généralement répandue dans le règne animal, s'exerçant à différens degrés, et sous un nombre infini de formes, en raison des besoins qui mettent en mouvement les individus, et de l'organisation qui retient les espèces dans les bornes qui leur sont assignées? Préférerons-nous les argumens d'une fausse philosophie, qui cherche à nous montrer tous ces êtres agissans sans motifs d'action, n'obéissant qu'à des impulsions aveugles? Cette activité des animaux, cette variété d'espèces qui, destinées la plupart à vivre les unes aux dépens des autres, sont dans un état continuel d'effort; ces moyens réciproques et multipliés d'attaque et de défense, qui, par les intérêts croisés de chacun, servent à entretenir l'équilibre dans l'univers, ne seraient donc plus que des spectacles illusoires sur le principe desquels il faudrait repousser continuellement le témoignage de mon sentiment intime? J'aime bien mieux, Madame, me livrer aux élans de mon admiration pour l'éternel artisan qui, d'un principe unique, la sensibilité, a su tirer, avec une aussi étonnante fécondité, cette infinie variété de dispositions, d'affections, d'actions, qui concourent à répandre la vie dans toute la nature. J'aime mieux observer, dans le détail, chaque individu mis en mouvement par la sensibilité, obéissant à ses affections particulières, et contribuant par cela même à la perfection de l'ensemble, et à la juste proportion qui doit régner entre les espèces. Je suis frappé du même spectacle dans l'ordre de la société, et il semble que la persuasion d'une sensibilité généralement répandue et agissante en étende les bornes. Je me livre d'autant plus volontiers à cette idée, que nous avons vu combien il faut se tourmenter, et recourir à des suppositions obscures et gratuites, quand on veut s'abandonner à l'opinion contraire.

J'ai l'honneur d'être, etc.

LETTRE IV.

A MADAME ***

Nous avons lu plusieurs fois ensemble, Madame, les excellentes histoires que M. de Buffon nous a données d'un grand nombre d'animaux. Nous avons admiré l'éloquence de ce grand naturaliste, la sagacité qu'il montre à démêler les caractères qui différencient les espèces, la vérité de ses peintures, et son brillant coloris. Lorsqu'il a rendu compte des mœurs des animaux qu'il a observés lui-même, ou sur lesquels il a eu des mémoires fidèles, le détail de leurs inclinations et de leurs actions, de leur sagacité, de leur industrie, est représenté avec une exactitude et un charme qui laissent bien loin derrière lui tous les Naturalistes qui l'ont précédé. Tant qu'il est conduit par le fil de l'observation, sa route est sûre, il pénètre dans les intentions des animaux, et par la manière dont il décrit leurs actions, il met, en grand maître, leurs mouvemens sous les yeux du lecteur.

Le croiroit-on ? l'auteur de l'histoire du cerf, du chien, du renard, du castor, de l'éléphant, semble oublier les faits lorsqu'il ne fait plus que raisonner; il devient un des plus grands détracteurs de l'intelligence des animaux. Il a sans doute plus de droits qu'un autre de regarder la sienne comme une espèce à part. Mais puisqu'il est homme enfin, il peut se tromper, et il doit être permis d'examiner ses opinions, pourvu que ce soit avec le respect que doivent inspirer sa personne et ses grands talens.

M. de Buffon, dans son discours sur les animaux, page 23, tome 4, de l'édition *in*-4°, s'exprime ainsi :

« L'animal est au contraire un être pure-
» ment matériel, qui ne pense ni ne réfléchit,
» et qui cependant agit, et semble se déter-
» miner. Nous ne pouvons pas douter que le
» principe de la détermination du mouvement
» ne soit dans l'animal un effet purement mé-
» canique, et absolument dépendant de son
» organisation ».

Et page 24, il dit :

« Le sens intérieur de l'animal est, aussi-bien » que ses sens extérieurs, un résultat de méca- » nique, un sens purement matériel, etc ».

Quoi ! nous sommes témoins d'une suite d'actions dans lesquelles se marquent visiblement la sensation actuelle d'un objet, une autre sensation rappelée par la mémoire, la comparaison entr'elles, une impulsion alternative qui en est le signe évident, une hésitation sensible, enfin une détermination, puisqu'il s'ensuit une action qui n'aurait pas lieu sans elle; et, pour expliquer ce qui est si simple, ce qui est si conforme à ce que nous éprouvons nous-mêmes, nous aurons recours à des ébranlemens mécaniques incompréhensibles ? Assurément nous ignorons ce qui produit la sensation, et dans nous-mêmes, et dans tous les êtres animés. Il y a bien d'autres choses que nous sommes condamnés à ignorer : mais le phénomène une fois donné, nous en connaissons les produits, et il me paraît impossible de les confondre avec des *résultats de mécanique*, quelque multipliés qu'on les suppose.

Par quels ébranlemens successifs expliquera-t-on l'instruction graduée d'un animal, telle qu'on est souvent à portée de l'observer? Vous verrez qu'un objet qu'il apperçoit pour la première fois, lui donne une sensation abstraite, générale, qui est souvent fausse; mais qu'ensuite l'attention la particularise et la rectifie. Il faut même observer que cette rectification ne se fait pas tout-d'un-coup, et que l'instruction ne procède pas par un mouvement uniforme, comme cela arriverait nécessairement dans une machine.

Souvent il y a des pas rétrogrades qui sont assurément impossibles dans quelque mécanisme que ce soit, mais qui s'accordent très-bien avec une réflexion intéressée qui cherche à s'assurer de la vérité, et qui n'y parvient que par des essais répétés.

Des haillons rassemblés de manière à représenter à-peu-près une forme humaine, détournent, ou font hésiter des oiseaux à qui cet assemblage donne une idée abstraite d'homme.

L'intérêt qu'ils ont d'en approcher pour se saisir de la nourriture qu'on cherche à défendre, leur fait faire souvent quelques pas vers l'objet; mais la première impression reçue les rend timides et précautionnés. S'ils sont enhardis par le silence et le repos de l'épouvantail, le moindre vent qui fera remuer les haillons, leur rend bientôt leur première frayeur, et les éloigne. Ils se rapprochent encore, mais par intervalles. Enfin la proie qu'ils desirent, ou qu'ils soupçonnent, excite leur attention, les y fait regarder de plus près. Alors la sensation se particularise, l'erreur se rectifie par degré; et quand ils se sont bien assurés que cette forme était illusoire, l'épouvantail n'a plus d'effet, parce que ce n'est plus un homme pour eux.

Non-seulement les animaux ont des idées abstraites générales qui sont sujettes à rectification, ils en ont aussi des rapports que certains phénomènes ont entr'eux; et souvent, par ce qu'ils voient, ils jugent de ce qui doit suivre. Un chien couchant, qui voit le fusil du chasseur dirigé sur l'animal qu'il tient en arrêt, fixe évidemment son attention sur l'effet que va produire le coup de fusil. Il a donc une idée abstraite d'un tel effet, quoiqu'il n'existe pas encore. Comment osera-t-on attribuer à des ébranlemens mécaniques, l'impression reçue d'un effet qui n'existera que dans quelques momens ?

Il n'est point d'actions un peu compliquées des animaux, sur-tout des animaux carnassiers, qui ne pussent fournir de pareils exemples. Il est visible, Madame, que M. de Buffon n'a été induit à rapporter tous ces actes à un mécanisme aveugle, que par la crainte que trop de parité entre les animaux et l'homme ne conduisît à des conséquences dangereuses. Une telle crainte est respectable, même lorsqu'elle produit l'erreur. Mais nous avons prouvé que c'est l'erreur en ce genre qui peut au contraire donner lieu à des conséquences funestes; qu'on ne peut concevoir aucun rapport entre la sensation et la mémoire qu'on est forcé d'accorder aux animaux, et l'idée que nous avons des propriétés de la matière; enfin, qu'attribuer les produits de ces facultés à des ébranlemens mécaniques, c'est favoriser des idées d'automatisme contre lequel dépose l'évidence des faits.

Pour détériorer l'intelligence des animaux, M. de Buffon est obligé d'en supposer qui ne sont rien moins que constatés.

« L'odorat, dit-il, page 31, est le sens le

» plus relatif à l'instinct, à l'appétit : l'animal » à ce sens infiniment meilleur que l'homme; » aussi l'homme doit plus connaître qu'*appé-* » *ter*, et l'animal doit plus *appéter* que con- » naître ».

Du moins ici il n'y a de différence établie que du plus au moins ; et c'est une des occasions, assez fréquentes, où M. de Buffon, entraîné par l'observation et l'évidence, infirme le sentiment qu'il cherche à établir. Mais d'ailleurs, il n'est pas, à beaucoup près, toujours vrai que les animaux aient l'odorat meilleur que l'homme. Ce sont les quadrupèdes carnassiers qui ont principalement ce privilège ; et l'odorat en eux est, pour le moins, autant *relatif à la connaissance qu'à l'appétit.*

Le loup, le renard, et les autres carnassiers, comme l'a observé le Physicien de Nuremberg, se servent de leurs nez pour s'instruire de tout ce qu'il leur importe de connaître.

S'ils sont chassés, ils ne manquent jamais de fuir le nez au vent, et par-là ils sont avertis des embuscades qu'on a préparées sur leurs pas. Si c'est un homme qui les attend au passage, ils l'éventent, le reconnaissent et se détournent. Si c'est un piège qu'on leur ait tendu, il a beau être caché avec le plus grand soin, et couvert d'un appât séduisant, il suffit que l'odeur du fer ou de l'homme qui l'a manié se fasse sentir, la *connaissance* l'emporte sur l'*appétit*, et l'animal n'est trompé que quand le chasseur a eu l'attention de détruire, par des frictions aromatiques, cette odeur qui réveille des idées de péril, et rend suspects les appâts les plus friands.

« Le sens de la vue, dit encore M. de Buf-
» fon, page 31, ne peut avoir de sûreté que
» par le secours du sens du toucher; aussi le
» sens de la vue est-il plus imparfait, ou plu-
» tôt acquiert moins de perfection dans l'ani-
» mal que dans l'homme ».

Je ne crois pas que cette assertion soit généralement vraie; je suis même sûr que l'observation y est souvent contraire. L'oiseau de proie a certainement la vue plus perçante, et aussi sûre que l'homme. Du plus haut des airs, où nous ne l'appercevons pas, il distingue sa proie. S'il fait quelques méprises étant jeune, il sait sûrement juger des formes et des manières d'être du gibier destiné à sa nourriture, lorsque des expériences répétées l'ont suffisamment instruit. Un faucon *sors*, c'est-à-dire, qui a été un an sauvage, distingue parfaitement bien un vanneau d'avec une perdrix. Il attaque celle-ci, et laisse en paix celui-là, parce qu'il a reconnu qu'il se fatiguerait en vain à le voler; il ne s'y hasarde que dans quelque circonstance particulière qui lui présente plus de facilité, ou quand une faim pressante lui rend nécessaire toute espèce de tentative.

Il me paraît que M. de Buffon n'a pas assez distingué le toucher d'avec le *palper*, qui n'est qu'une forme particulière du toucher. L'exercice du palper appartient exclusivement aux animaux qui ont des mains. C'est à lui qu'ils doivent d'être assurés plus promptement de la forme des corps; et il rectifie avec plus de facilité les erreurs auxquelles le sens de la vue peut être sujet. Mais son secours est absolument inutile pour juger des distances; le toucher seul y suffit, et tous les animaux exercés apprennent à les évaluer sûrement. Le faucon, comme l'a dit le Physicien de Nuremberg, évalue avec la plus grande précision, et la distance où il est de la perdrix qu'il chasse, et qui vole, et le tems qu'il lui faut pour arriver à elle, et l'espace qu'elle doit parcourir pendant ce tems. Si l'une de ces conditions manquait, il serait impossible qu'il tombât juste sur sa proie, et je défie qu'on explique jamais raisonnablement une telle action par des ébranlemens mécaniques. Jamais un loup, jamais un renard, qui auront été chassés et tirés, ne passeront à portée d'un homme porteur de la foudre. Il en est de même des canards, des corneilles, de tous les autres oiseaux, lorsqu'ils ont une expérience suffisante; car il faut remarquer que ceux qui en manquent, sont presque toujours faciles à surprendre. Quelquefois on trompe les plus vieux par des déguisemens dont ils ne sont pas en droit de se défier. Mais ces formes une fois connues, ne réussissent plus, à moins qu'une faim excessive ne les mette dans la nécessité de braver le péril. Ils savent donc, tous ces animaux, qu'on les atteint sans les approcher; ils le savent, parce qu'ils l'ont appris; ils ont appris encore à juger de la portée qui doit les mettre hors d'atteinte. La hardiesse avec laquelle ensuite ils passent à la distance donnée, prouve qu'ils en sont parfaitement assurés.

Loin que le sens de la vue acquierre moins de perfection dans l'animal, il paraît au contraire que tous les animaux qui ont intérêt d'exercer ce sens l'ont beaucoup plus fin et plus perçant que l'homme.

« Mais, dit M. de Buffon, cette excel-
» lence des sens, et la perfection même qu'on
» peut leur donner, n'ont des effets bien sen-
» sibles que dans l'animal. L'homme, au con-
» traire, n'en est pas plus raisonnable, plus
» spirituel, pour avoir beaucoup exercé son
» oreille et ses yeux. On ne voit pas que les
» personnes qui ont les sens obtus, la vue
» courte, l'oreille dure, l'odorat détruit ou
» insensible, aient moins d'esprit que les au-
» tres. Page 33 ».

Il ne suffit pas, sans doute, d'avoir les sens excellens et bien exercés, pour avoir de l'esprit. Nous voyons même que ceux qui se bornent à l'exercice continuel de leurs sens, et qui par-là peuvent en avoir augmenté l'excellence, manquent assez souvent de ce qu'on appelle esprit. Il faut réfléchir sur ses sensations, les combiner, en étendre les résultats par l'attention. C'est-là ce qui agrandit la sphère de l'intelligence, et voilà pourquoi les animaux ne reculeront jamais beaucoup les bornes de la leur. Ils ont, à la vérité, le pouvoir de réfléchir sur leurs actes, puisque leur conduite est souvent modifiée par des inconvéniens précédemment sentis et prévus ensuite. Mais, outre que leurs moyens sont infiniment plus bornés, ils n'ont ni des besoins variés, ni du loisir. Or, comme on l'a prouvé, ces deux conditions sont nécessaires à un exercice habituel de réflexion, qui seul peut être fécond en progrès. Il faut convenir pourtant que des sens vraiment obtus ne seraient pas favorables à l'intelligence relativement aux idées qui en dépendent directement. Il est vraisemblable que MM. Piccini, Grétry, Gluck, n'auraient pas produit leurs chef-d'œuvres, s'ils avaient eu le sens de l'ouie obtus. Il est vrai qu'il n'en est pas ainsi de la vue courte, parce qu'elle peut d'ailleurs être très-nette, et qu'alors il suffit d'approcher de plus près les objets de ses yeux pour les considérer et les bien connaître. M. Bernard Jussieu avait la vue très-courte; mais c'est parce qu'en s'approchant il l'avait sûre, qu'il est devenu un des plus grands botanistes de l'Europe. La vue très-courte de M. de Buffon, ne l'a pas empêché de faire d'excellentes observations microscopiques (1); mais si elle s'y fût entièrement

(1) Voyez Spallanzani qui se moque agréablement de ces excellentes observations; il prétend que M. de Buffon avait apparemment de très mauvais microscopes; mais on voit qu'il le regarde comme un très mauvais observateur dans ce genre. les animalcules spermatiques lui avaient donné l'idée de ses molécules organiques, idée complètement ridicule.

refusée, son génie n'aurait pas pu en tirer de grands résultats. On peut remarquer, quant à ce sens, que les vues courtes ont peut-être un avantage sur les autres pour l'exercice de l'intelligence. L'ame alors n'est presque jamais passive malgré elle. Elle n'est point distraite par les objets qu'elle n'a pas dessein de regarder. Une personne à vue courte se trouve habituellement dans le cas de celui qui veut méditer, et qu'une attention profonde sépare des objets qui l'environnent.

Nous voici, Madame, un peu éloignés de notre sujet; mais la liberté du commerce épistolaire permet ces écarts : et, en vertu de cette liberté, je vais y rentrer sans chercher une transition pénible.

« Pour que l'analogie, dit M. de Buffon, » fût en effet bien fondée, il faudrait, du » moins, que rien ne pût la démentir; il se» rait nécessaire que les animaux pussent faire, » et fissent dans quelques occasions, tout ce » que nous faisons : or, le contraire est évi» demment démontré ».

Il faudrait dire aussi que, pour fonder l'analogie entre la classe des paysans bornés aux besoins de la vie, et celle des gens occupés de grandes spéculations, il serait nécessaire que dans quelques occasions ils pussent faire, et fissent ce qu'ont fait Newton et M. de Buffon : or, le contraire est évidemment démontré, etc.

Je ne veux pas vous citer, Madame, toute la doctrine de M. de Buffon, sur les ébranlemens de différens genres dont les contrepoids amènent, de la part de l'animal, des déterminations et des actions qui paraissent fort semblables aux nôtres, et qui, selon lui, en sont fort différentes. Lisez l'ouvrage même, si vous voulez voir un modèle d'éloquence, d'adresse, et des plus ingénieux efforts que le raisonnement puisse faire contre la vérité. Mais j'avoue que ce mécanisme compliqué passe ma portée. En examinant les faits, il ne m'est pas libre d'en admettre la possibilité, et je suis sûr que si M. de Buffon était aussi grand chasseur qu'il est grand philosophe, il conviendrait que les ébranlemens les plus multipliés, et les contrepoids de toute espèce, sont insuffisans pour expliquer les actions les plus journalières de la plupart des bêtes.

« Si je me suis bien expliqué, dit-il encore » page 41, on doit avoir déjà vu que, loin de

» tout ôter aux animaux, je leur accorde tout,
» à l'exception de la pensée et de la réflexion;
» ils ont le sentiment, ils l'ont même à un
» plus haut degré que nous ne l'avons : ils ont
» aussi la conscience de leur existence actuelle;
» mais ils n'ont pas celle de leur existence
» passée : ils ont des sensations; mais il leur
» manque la faculté de les comparer, c'est-à-
» dire, la puissance qui produit les idées; car
» les idées ne sont que des sensations compa-
» rées, c'est-à-dire, des associations de sen-
» sations ».

Ce passage contient le précis de la doctrine de M. de Buffon sur les facultés des animaux : tout le reste n'en est que le développement. Ainsi, il suffit d'en examiner les assertions en détail, et d'indiquer des faits contraires, pour avoir répondu à tout ce qu'on peut dire de plus raisonnable pour défendre cette opinion.

Les animaux, dit-on, *ont la conscience de leur existence actuelle ; mais ils n'ont pas celle de leur existence passée.* Cependant un renard qui a été pris au piège, et qui, pour s'en délivrer, s'est vu forcé de se couper le pied, comme cela arrive souvent, conserve si bien le souvenir *de son existence passée*, que, pendant des années entières, il évite très-constamment tous les pièges qu'on peut lui tendre. Lorsqu'on a connaissance de ces renards boiteux, et dont l'infirmité annonce l'expérience, les chasseurs intelligens renoncent à les surprendre par les moyens ordinaires; ils savent trop bien que la réflexion sur *leur existence passée* leur est devenue habituelle, et qu'elle les rend précautionnés, sans distraction, contre toute espèce d'embûches. Il faut alors avoir recours à des moyens d'un autre genre qui mettent en défaut leur savoir, ou du moins le rendent inutile. Ce serait une superfluité que d'accumuler les exemples : mais je demande comment il serait possible que, sans *réflexion*, sans *conscience de son existence passée*, des inconvéniens précédemment sentis produisissent un système de précautions, souvent modifié par les circonstances, quoique constamment suivi dans son ensemble : or, c'est ce qui se remarque évidemment dans la conduite journalière des animaux, et sur-tout de ceux avec lesquels nous sommes en état de guerre, parce qu'il y a entre eux et nous rivalité pour la nourriture.

Ils ont des sensations ; mais il leur manque la faculté de les comparer.

Il ne faut pas chercher des exemples bien loin pour prouver que les animaux ont la faculté de comparer. Une souris a intérêt de passer par un trou ; elle y essaie et ne peut pas ; elle juge alors qu'il faut l'élargir pour établir une proportion convenable entre l'ouverture et la grosseur de son corps. Je crois bien qu'elle n'a pas une idée abstraite générale de proportion ; mais sûrement elle a une notion particulière, au moins approchante, et de son corps, et de l'étendue que doit avoir le trou pour qu'elle puisse y passer. C'est de la comparaison qu'elle fait entre ces deux notions, que résulte le parti qu'elle prend d'élargir cette ouverture. Elle y travaille constamment, et avec beaucoup de peine, avec ses dents, jusqu'à ce qu'elle l'ait amenée au point desiré ; et alors elle y passe. Il est vrai qu'une fois parvenue, ses réflexions n'iront peut-être pas plus loin, et qu'elle ne songera qu'à jouir du bien-être qu'elle s'est procuré. Si elle y trouve des vivres abondans, elle s'y engraissera ; et, comme celle dont Horace nous raconte l'histoire, elle détruira la proportion qui suffisait à son premier passage : mais c'est un genre d'imprudence qui n'est pas assez étranger à l'espèce humaine pour qu'on ne doive pas le pardonner à une souris.

« Les animaux, dit encore M. de Buffon, » ne peuvent avoir aucune idée du tems, au- » cune connaissance du passé, aucune notion » de l'avenir. »

Ce qui fait pour nous la mesure du tems, c'est la succession des idées ou sensations dont nous avons été frappés, et qui laissent quelque trace dans notre mémoire. Il est sûr que les animaux ayant moins d'idées que nous, il doit y avoir moins de degrés marqués sur l'échelle avec laquelle ils mesurent le tems. Mais il faut bien qu'ils en aient l'idée, puisqu'ils en prévoient et en marquent les retours périodiques.

Tous les animaux qui relèvent à certaines heures pour manger, et il y en a beaucoup, y sont fidèles, non pas cependant comme une horloge qui sonne les heures, mais avec les modifications que les circonstances de la saison, ou même de la journée, peuvent occasionner dans la volonté d'un être sensible. Il ne faut pas parler des carnassiers qui sont forcés par nous à ne rechercher leur nourriture que pendant la nuit, et à n'exercer leur activité qu'à la faveur des ténèbres. Prenons plutôt pour exemple quelque espèce innocente à laquelle la tranquillité qu'on lui procure laisse l'exercice régulier de sa liberté.

Lorsque la terre, découverte par la récolte entièrement faite, a forcé les faisans de se rassembler aux remises dans lesquelles on les conserve, c'est-à-dire, environ vers le premier de septembre, ils vivent rassemblés en troupe, et alors ils sortent du bois deux fois par jour pour chercher leur nourriture ; ce qu'on appelle aller au gagnage. Tous à-peu-près ensemble s'acheminent au lever du soleil. Lorsque celui-ci commence à monter sur l'horison, leur repas étant bientôt fait, parce qu'alors la nourriture est abondante, la chaleur qui se fait sentir les invite à rentrer au bois. Ils en sortent ensuite entre cinq et six heures, et leur souper dure jusqu'à la nuit : ils rentrent alors pour se percher. Je demande comment ces oiseaux exécuteraient ces procédés réguliers, s'ils ne mesuraient pas les intervalles du tems. Qu'on ne prenne pas avantage de la régularité pour dire que ce sont des mouvemens mécaniques ; car en conservant un certain ordre, ils sont subordonnés aux circonstances. Si la chaleur est moins grande, le départ a lieu un peu plutôt. Il en est de même si la nourriture est moins abondante. Lorsqu'elle devient rare, et que les jours sont plus courts, vers la moitié d'octobre, les faisans ne sortent plus qu'une fois par jour vers neuf ou dix heures du matin, et leur repas dure alors jusqu'au coucher du soleil. Croira-t-on de bonne foi que ce changement de marche, en raison des besoins et des circonstances, puisse s'accorder avec l'idée que nous avons du mécanisme ?

L'heure des repas, la distance entre eux, sont la mesure naturelle du tems, lorsque les mœurs sont simples. Homère indique les tems de la journée par les rapports qu'ils ont avec l'heure du dîner. Les repas sont les actes journaliers les plus intéressans pour les animaux : ces époques doivent rester gravées dans leur mémoire ; mais le sentiment de leurs besoins, la connaissance du plus ou moins de facilité à les satisfaire, mettent assez de variété dans la manière dont ils en mesurent les intervalles, pour qu'on ne puisse pas y reconnaître l'exercice de leur liberté. Cet ordre de chose n'est pas particulier aux faisans ; il appartient à la plupart des espèces qui ne sont point troublées dans l'usage de leurs inclinations naturelles. Les perdrix rouges, quoiqu'en société moins rapprochée, sont dans le même cas que les faisans ; et les chasseurs intelligens savent si c'est dans les bois ou dans les plaines qu'il faut les aller chercher, selon les heures. Les lapins ont cela de particulier, que l'expérience du passé leur donne, à quelques égards, d'une manière plus marquée, une connaissance assez certaine de l'avenir. Pendant l'été, ils sortent ordinairement de leurs terriers quelque tems avant le coucher du soleil, restent dehors une partie de la nuit, et relèvent encore assez généralement vers huit à neuf heures du matin, quand il ne fait pas trop chaud. Mais si vous les trouvez sortis presque tous à deux ou trois heures après midi, s'ils mangent fort avidement, si l'attention qu'ils y mettent les rend plus hardis et moins précautionnés qu'à l'ordinaire, vous pouvez être certain qu'il pleuvra dans la soirée ou dans la nuit. C'est peut-être le plus sûr de tous les baromètres. Il n'est pas possible d'attribuer ce pressentiment de la pluie à un sentiment immédiat d'appétit qui porterait les lapins à manger plus avidement et plutôt. On sait au contraire que le tems pluvieux relâche presque toujours les fibres, et rend moins actifs tous les mouvemens mécaniques de l'animal. L'avidité très-caractérisée des lapins, est donc alors un acte de prévoyance, c'est-à-dire, qu'en conséquence d'une sensation quelconque qu'ils ont déjà éprouvée, et qu'ils éprouvent encore, ils jugent de l'avenir par le passé; ce qui est la seule manière raisonnable de prévoir. Les animaux domestiques doivent avoir sans doute, et ont aussi bien que les sauvages, la mesure du tems. La connaissance du passé leur fait aussi préjuger l'avenir. Les heures de l'avoine se marquent par le hennissement impatient des chevaux. Ceux qui sont, ou faibles, ou de mauvais caractère, ne manquent pas de faire les plus grandes difficultés pour outre-passer les lieux où ils ont coutume de se reposer. *Ils ont donc la conscience de leur existence passée.* Les chiens, ceux sur-tout qu'on a coutume de mener à la chasse à une certaine heure, annoncent le moment par des cris d'impatience toutes les fois qu'il est retardé. Celui du départ est signalé par les signes de la joie la plus vive. Le chasseur en est souvent importuné, et il a beaucoup de peine à les réprimer, sur-tout lorsqu'armé de son fusil il leur annonce le retour prochain du plaisir dont ils conservent le souvenir. Ce souvenir intéressant, *de leur existence passée*, prend alors plus d'empire que les châtimens mêmes dont on voudrait user pour modérer l'excès bruyant de leur joie. Je crois, Madame, qu'il n'est pas nécessaire de citer un plus grand nombre de faits pour démontrer que les animaux réunissent, à la vérité, dans un degré inférieur à nous, tous les caractères de l'intelligence. Il est impossible, sans doute, de comparer la leur à la nôtre pour l'étendue, et sur-tout pour la facilité de faire des progrès indéfinis. Mais celui qui ne peut faire que vingt pas n'a pas moins la faculté de marcher que celui à qui il est donné de faire vingt lieues. Je pourrais multiplier beaucoup les citations de faits qui viennent à l'appui de mon opinion, et il ne tiendrait qu'à moi de les prendre dans les charmantes histoires que M. de Buffon nous a données, et dans lesquelles on trouve presque toujours autant de vérité dans l'observation que de charme et de magie dans l'expression. Mais je l'aime trop pour l'attaquer dans ses propres foyers, et me servir contre lui des armes qu'il m'aurait fournies. Ce serait mal reconnaître tout le plaisir que m'ont fait ses ouvrages, dont vous savez que la lecture m'a fait passer les plus heureux momens. Je n'ai combattu son opinion que pour l'intérêt de ce que je crois, de bonne foi, être la vérité. Si j'ai réussi à prouver contre lui, la question doit être terminée. Il n'est pas du moins d'athlète que je voulusse combattre après celui-là.

Il me semble que de tout ce qui a été dit, nous sommes en droit de conclure, avec le Physicien de Nuremberg, que les bêtes sentent, puisqu'elles ont les signes évidens de la douleur et du plaisir ; qu'elles se ressouviennent, puisqu'elles évitent ce qui leur a nui, et recherchent ce qui leur a plu ; qu'elles comparent et jugent, puisqu'elles hésitent et choisissent ; qu'elles réfléchissent sur leurs actes, puisque l'expérience les instruit, et que des expériences plus répétées rectifient leurs premiers jugemens.

D'après ces données, qui me paraissent évidentes, vous pouvez, Madame, vous livrer sans crainte aux charmes d'une affection ressentie pour les animaux que vous vous plaisez à nourrir et à caresser. Soyez sûre que votre charmante Zémire n'est point un automate qui, par le jeu des ressorts d'un mécanisme aveugle, vous donne le spectacle illusoire de la sensibilité. Elle a sentiment et connaissance; il entre de l'intention dans les mouvemens qu'elle multiplie pour vous plaire. En vous occupant d'elle, en cherchant à augmenter ses rapports avec vous, vous étendez la sphère de son intelligence; vous faites naître, vous développez en elle un besoin d'aimer et d'être aimée, que l'habitude rend indépendant des autres besoins. Si elle vous croit attaquée, et qu'elle se mette en état de vous défendre, c'est que vos bienfaits ont établi en elle une idée de propriété de votre personne. Elle vous défend avec autant de courage et d'intérêt que la nourriture qu'on voudrait lui ravir.

Vous vous appercevrez que cet intéressant animal, gai, vif, étourdi, dans sa jeunesse se livre à beaucoup de mouvemens qui paraissent sans objet, parce que la jeunesse a besoin de s'exercer et de faire des expériences; il y mettra plus de gravité lorsque l'âge l'aura instruit et appesanti. S'il fait moins de dépense en mouvement, et par-là s'il perd quelque chose du côté des graces, ses sentimens aussi deviendront moins mobiles; ils prendront un caractère de constance et de profondeur, et ses actions tendront plus directement à un but. Vous appercevrez aisément que l'éducation ne fait pas tout dans les animaux; que seulement dans plusieurs elle fait naître quelques bonnes habitudes, et en corrige quelques mauvaises; mais qu'il est des naturels pervers que rien ne change, et sur lesquels toute éducation est impuissante.

Vos serins, les autres oiseaux que vous élevez, vous montreront l'intelligence sous d'autres formes, et modifiée d'une autre manière. Vous admirerez, avec moi, la fécondité sans bornes du plan de l'Artisan Suprême, qui sait, d'un principe unique, faire sortir une si grande variété de formes. Quoique nous ne puissions appercevoir de ce plan immense que quelques parties infiniment petites, relativement au tout, il est impossible de ne pas s'écrier, dans les élans de son ravissement : O profondeur !

J'ai l'honneur d'être, etc.

LETTRE

A MADAME ***

SUR L'HOMME.

Nous avons remarqué, Madame, que la plupart des objections qu'on fait contre l'intelligence des bêtes, portent sur des assertions mal examinées, et principalement sur ce qu'on leur attribue une constante uniformité d'opérations, d'où l'on conclut l'automatisme. J'ai prouvé, et le Physicien de Nuremberg avait en partie prouvé avant moi, que cette uniformité n'existe pas. Des faits nombreux et certains nous ont appris que les individus, parmi les animaux, mettent autant de variété dans leur conduite et dans leurs ouvrages, que peuvent en mettre des êtres qui, avec des besoins et des moyens bornés, se proposent la même fin. Le Physicien de Nuremberg a fort bien indiqué les avantages infinis qu'à cet égard l'espèce humaine a sur toutes les autres. Il a parcouru les différens degrés d'influence que doivent avoir sur l'exercice de la perfectibilité les besoins particuliers de l'homme, les moyens que lui fournissent la société, le loisir, l'ennui, la faculté d'enregistrer ses idées, les passions factices, etc.

Je veux vous entretenir aujourd'hui d'une disposition qui me parait appartenir exclusivement à l'espèce humaine, que le Physicien n'a fait qu'indiquer, et qui mérite d'être examinée plus en détail, puisqu'elle est le vrai fondement de la sociabilité, de la bonté, de toute vertu naturelle, et que par elle l'homme se trouve placé à une distance infinie des autres animaux, beaucoup plus encore que par la supériorité de son intelligence. Cette disposition est celle en vertu de laquelle tout homme qui en voit souffrir un autre, est affecté lui-même d'un sentiment de souffrance quand il n'en est pas détourné par un autre intérêt. Cette faculté de partager la souffrance d'autrui, entraine nécessairement tous ses autres sentimens. *Compatir*, c'est sentir ensemble, et si les sensations proprement dites sont incommunicables de leur nature, on peut dire que nos sentimens, nos affections, se communiquent avec une prodigieuse facilité. La langue articulée n'y est pas nécessaire comme elle l'est pour exprimer nos idées. Les signes extérieurs, le langage d'action, y suffisent, et ils sont tellement liés au sentiment même, qu'à moins d'une dissimulation étudiée, ils se produisent toujours ensemble. On sent que la sociabilité doit être le résultat nécessaire de cette impression réciproque que les hommes font les uns sur les autres. Lorsque l'habitude l'a fortifiée, lorsqu'elle a rendu le langage facile et prompt, elle doit les identifier, en quelque sorte entre eux, toutes les fois qu'ils ne sont pas isolés par des intérêts individuels qui contrarient l'intérêt général.

On ne remarque rien de pareil parmi les autres animaux. On voit bien, à la vérité, quelques espèces, comme celle du cerf, du daim, qui vivent en troupe, mais on n'apperçoit entre eux ni besoin, ni signe de communication habituelle.

Les sangliers jeunes vivent aussi en compagnie; mais ils ne paraissent avoir d'objet que celui de la défense commune, parce que, seuls, ils se sentent faibles, et leurs intérêts ne paraissent plus avoir de communauté passé le moment du péril. Les jeunes loups se tiennent aussi ensemble, mais c'est une association de guerre et de brigandage qui ne s'entretient que par le besoin commun de rapine, et bientôt est détruite par la même cause. Le Phycisien de Nuremberg a remarqué que les chevreuils avaient une sorte d'attrait pour vivre ensemble, indépendante des autres besoins; mais c'est une société si restreinte, qu'on n'en peut pas conclure que les individus jouissent d'un sentiment qui s'étende à l'espèce, et quand même ce sentiment existerait, il ne pourrait pas s'exercer beaucoup, parce que la vie et l'organisation de ces animaux ne leur permet pas de se donner des secours mutuels. Il est difficile d'expliquer la tendresse active et courageuse de la plupart des mères; mais leurs entreprises hardies ont l'air des élans de l'intérêt personnel. C'est leur propriété qu'elles paraissent défendre. Je ne connais pas assez les espèces qui vivent et travaillent en commun, comme les castors, etc., pour savoir si l'habitude et l'intimité de leur association ne produit pas entre les individus quelques degrés de *compassion.* Mais, outre que leur société paraît cesser avec les travaux qui en sont l'objet, je crois être en droit de conclure, par analogie, que la faculté de compatir est loin de devenir en eux, comme dans l'homme, une disposition que l'habitude rend active et permanente, qui entre pour quelque chose dans toutes les autres, et qui a la plus grande influence, quoique souvent sourde, sur l'ensemble des actions humaines.

Quelques moralistes ont nié l'existence de ce principe, ou du moins en ont rapporté l'origine à un retour sur nous-mêmes qui le rendrait uniquement dépendant de notre intérêt personnel. Sans doute il est vrai que notre intérêt personnel s'y trouve confondu, puisque nous souffrons lorsque nous voyons souffrir autrui; puisque les cris de la douleur, les signes de l'angoisse, nous jettent dans un état de mal-aise dont nous sommes pressés de nous délivrer. Mais je soutiens que ce sentiment de compassion est immédiatement excité par les signes de la souffrance d'autrui, que nous ne recevrions pas une commotion plus directe d'un coup qui nous frapperait nous-mêmes, et que s'il s'y mêle quelquefois de la réflexion sur les maux dont nous pouvons être menacés, elle ne vient qu'à l'appui d'une impression déjà reçue.

Je considère donc la sensibilité, c'est-à-dire, la disposition à être émus par les affections qu'éprouvent nos semblables, comme une faculté qui nous est aussi naturelle que celle de sentir, dont, à la vérité, nos intérêts particuliers suspendent les fonctions, qu'il est même possible d'émousser ; mais aussi dont on peut considérablement augmenter l'énergie par l'exercice et l'habitude. Il est impossible que la sociabilité ne soit pas le produit de cette disposition heureuse et *vraiment céleste*. L'intérêt personnel en resserre sans doute les liens en procurant à ceux qui composent la société des secours communs qui rendent la vie plus facile et plus agréable. Mais si c'est lui qui donne le principal mouvement, la sensibilité modère une partie des excès de la personnalité qui tendrait bientôt à détruire l'association ; plus constamment agissante que la crainte des lois, elle réprime en détail une partie des entreprises secrètes de notre amour-propre sur celui des autres, et lorsqu'elle est cultivée, elle établit en nous une idée de proportion entre ce qui nous est personnellement dû, et ce qui peut appartenir à tous.

Ce que le lord Shaftesburi appelle le *sens moral*, dérive donc de cette disposition : puisqu'elle nous donne le sentiment de la réciprocité, elle nous donne aussi celui de la justice, et le pouvoir de l'habitude rend ensuite ce résultat si familier, que son impression devient aussi prompte que celle de toutes nos facultés naturelles.

Il est heureux pour le maintien de la société qu'il en soit ainsi. Le Physicien de Nuremberg a fort bien remarqué que dans l'état social, quoique chacun en tire de grands avantages, l'intérêt particulier tend cependant à isoler les individus. Chacun d'eux, fortement intéressé à ce qui lui est propre, n'aurait de frein que la crainte de s'exposer au ressentiment de tous les autres, et il n'en aurait plus toutes les fois qu'il espérerait pouvoir leur échapper. Mais la communication des sentimens ayant une fois établi l'idée de réciprocité et celle de justice, il en résulte une répugnance secrette à violer les droits d'autrui : c'est ce qu'on ne remarque pas dans les autres animaux.

Chacun, guidé par son intérêt propre, suit, sans se détourner, la route qui lui est tracée par ses besoins et les moyens qu'il a de les satisfaire. Les circonstances où il se trouve, les obstacles qu'il rencontre, éveillent, comme nous l'avons vu, son industrie, le replient sur lui-même, augmentent la sphère de son intelligence; mais celle-ci ne s'exerce jamais au-delà de ses propres besoins. Dans l'homme, la faculté d'être ému par le tourment d'autrui, et la peine naturelle qu'on en ressent, introduit la moralité dans les actions. Elle identifie, en quelque sorte, les impressions d'autrui à celles que nous recevons nous-mêmes, et par-là elle produit tous les mouvemens de l'ame qui nous entraînent les uns vers les autres. Elle est, à la vérité, souvent altérée par des intérêts qui parlent plus haut; mais elle se fait entendre lorsque ceux-ci se taisent, et l'exercice habituel en rend quelquefois l'action prédominante.

L'homme peut donc être considéré comme un être bon, ou du moins doué d'une disposition qui se développe en même-tems que les autres facultés, et qui l'incline assez fortement vers la bonté lorsqu'il n'est pas agité en sens contraire. Il est bien vrai que toutes les passions fortes qui peuvent s'emparer de l'ame de l'homme altèrent cette heureuse disposition, souvent même la détruisent de manière qu'on n'en apperçoit plus la moindre trace ; mais il est certain qu'alors l'homme est un être dégénéré, et cesse d'être conforme à sa nature. On ne contestera pas que la raison ne soit aussi naturelle à l'homme. Cependant les mêmes passions la dérèglent et l'égarent. L'habitude de s'y soustraire paraît même l'oblitérer entièrement. Il est donc vrai qu'une qualité peut s'effacer dans un grand nombre d'individus, quoiqu'elle appartienne spécialement à l'espèce humaine, et qu'elle soit inhérente à sa nature. L'homme n'en est pas moins un être naturellement sensible, parce qu'il règne beaucoup d'atrocité sur la terre, comme il n'en est pas moins un être raisonnable, parce que mille gens n'ont pas le sens commun.

Il faut bien que la *compassion*, la faculté de partager les sentimens dont on voit les autres émus soit naturelle à l'espèce humaine. Nous la voyons s'exercer d'une manière assez permanente chez des individus qui ne l'ont point acquise, qui n'ont nul intérêt à réfléchir sur eux-mêmes, qui ne sont point instruits, et auxquels d'ailleurs leur situation et les circonstances qui les environnent devraient persuader qu'ils sont fort éloignés des maux qu'ils pourraient faire aux autres.

Il est bien vrai que l'histoire, en général, ressemble aux annales d'une troupe d'animaux féroces, et que l'ame est flétrie par toutes les horreurs qu'ont produites l'ambition, la vengeance, le fanatisme, etc. Je ne suis pas surpris qu'un spectacle aussi révoltant ait persuadé à beaucoup d'ames sensibles que l'homme est un animal méchant, et peut-être le plus méchant de tous. Mais, encore une fois, l'histoire des passions n'est qu'une partie de celle de l'homme. Pour le connaître tout entier, il faut le considérer aussi lorsque, rendu à lui-même, il lui est libre de suivre, dans le calme, les mouvemens modérés de la nature. Alors on verra la pitié, la sensibilité, la bienfaisance, ou s'exercer d'une manière active, ou du moins se laisser reconnaitre dans des habitudes éloignées de la cruauté. Il est rare que l'homme de sang-froid soit féroce. Pour un Sultan qui s'amuse à couper des têtes tous les vendredis après la prière, il en est cent qui végètent tranquillement dans leur serrail, sans songer à faire du mal à personne, pourvu qu'on ne les irrite pas par des contradictions, et qu'on leur fournisse de l'argent pour leurs plaisirs. Avec le pouvoir sans bornes dont ils jouissent, et l'éducation qu'ils ont reçue, ils se livreraient à bien d'autres excès, si la pitié naturelle ne les éloignait pas de ceux que le besoin d'être émus pourrait leur faire imaginer.

Plusieurs moralistes ont déjà donné, comme une preuve de la bonté naturelle des hommes, l'attendrissement universel dont on est saisi dans nos spectacles tragiques, lorsque des scènes bien ménagées donnent de la vraisemblance aux évènemens qu'on représente. Il est aisé d'y remarquer tout ce qu'ajoute à une impression généralement ressentie la communication des sentimens; et la rapidité avec laquelle l'émotion se propage ne permet pas de supposer qu'elle soit due à aucun retour sur soi-même. Lorsque, dans les romans, les situations sont amenées d'une manière naturelle, lorsqu'un heureux tissu d'évènemens vraisemblables nous a tellement attachés, que le fabuleux a disparu pour nous, les personnages acquièrent le droit de nous intéresser, et nous partageons toutes les émotions dont il plaît à l'auteur de les agiter. Il résulte de ces faits, qu'il suffit de faire oublier aux hommes, les intérêts particuliers qui les isolent, pour les rendre à la nature, et par conséquent à la pitié.

Je sais qu'on oppose à l'existence de ce sentiment l'empressement avec lequel le peuple court aux exécutions. Il est vrai qu'il recherche avec ardeur le spectacle de ces sacrifices sanglans que la justice se croit obligée de faire à la sûreté publique. Mais dans ce cas, il faut moins l'accuser de barbarie que de grossièreté. Si le besoin d'être ému l'y attire en foule, on m'a assuré qu'en même-tems des larmes abondantes attestaient toujours, dans ces occasions, la compassion générale. L'horreur qu'inspirait le criminel s'anéantit souvent pour ne laisser place qu'à la pitié qu'excitent les souffrances du malheureux. On accuse aussi les enfans d'être cruels, parce que souvent ils ont l'air de se plaire à tourmenter les êtres vivans qu'on sacrifie à leur amusement. J'en ai beaucoup observé, et tous m'ont paru ne s'y livrer que parce qu'ils n'avaient pas l'idée de la douleur qu'ils causent. Comment en appercevraient-ils les signes dans un oiseau, dans un haneton? il faut que ces signes soient très-sensibles pour que la commisération soit excitée. Mais s'ils jouent avec un chien, et qu'ils lui arrachent un cri de douleur, la pitié naturelle se réveille en eux, et vous les voyez rarement braver ce sentiment. Cette portion des hommes qu'on appelle proprement peuple, fournit beaucoup d'exemples où se développe la pitié naturelle. Elle se montre sur-tout chez les gens à mœurs simples. On voit qu'il suffit de n'être pas dépravé pour être sensible à ses douces émotions. Les paysans aisés, les artisans industrieux, et en général tous ceux qui sont assurés d'obtenir par leur travail ce qui suffit aux besoins urgens de la vie, sont disposés à la bienfaisance envers leurs semblables. Vous voyez rarement parmi eux un orphelin qui manque à trouver tous les secours dont il a besoin; et leur usage est de le traiter comme leurs propres enfans, souvent avec plus d'égards. Si quelquefois il entre dans leur générosité quelque idée de retour sur eux-mêmes, ce n'est pas la première. L'impulsion directe est celle de la bienveillance et de la compassion pour un malheureux. On ne doit pas attendre la même chose de tous ceux dont la vanité multiplie les besoins. Ceux-là n'ont rien à donner, puisque l'importance qu'ils attachent à eux-mêmes leur persuade qu'ils n'ont pas même le nécessaire. La vanité est peut-être de toutes les affections celle qui détruit le plus la pitié naturelle. Quelques autres passions, comme l'ambition, l'avarice, ne s'accordent pas sans doute avec elle ; mais c'est la vanité sur-tout qui, en concentrant l'homme en lui-même, en détruit jusqu'au germe; car il est de son essence de chercher à se répandre au-dehors. L'amour, au contraire, mais seulement l'amour heureux, s'accorde parfaitement bien avec l'exercice de la bienveillance innée. Peut-être même ses élans prêtent-ils de nouvelles forces à cette heureuse disposition. C'est principalement à l'ivresse de l'amour heureux, qu'il appartient de dire :

> Que tout le monde ici soit heureux de ma joie.

Rousseau ne sort donc pas de la nature, lorsque, dans son Héloïse, il peint deux amans ivres l'un de l'autre, sacrifiant pourtant le moment de la jouissance la plus desirée au plaisir de faire deux heureux. Celui que tout le monde éprouve à la lecture de ce trait charmant, atteste la bonté de l'homme. Sans elle, on ne partagerait pas la bienfaisante disposition de deux cœurs ingénus, livrés aux simples mouvemens de la nature ; et malheur à qui ce délicieux tableau paraîtrait sans vraisemblance.

Lorsque je soutiens, Madame, que l'homme est né bon, je ne prétends pas que cette qualité soit dans la plupart des hommes un grand principe habituel d'action. Ce n'est pas sans doute ce genre d'intérêt qui donne le principal mouvement au monde moral. Excepté un petit nombre d'êtres privilégiés en qui la réflexion, et un exercice long-tems continué, ont fortifié ce sentiment, les hommes en général obéissent à des intérêts plus pressans et plus actifs; ils cherchent leur bien-être particulier, et s'ils ne repoussent pas ordinairement les occasions de faire du bien aux autres, ils ne s'embarrassent guère de les faire naître. Mais toutes les fois qu'ils ne sont pas fort occupés d'eux-mêmes, ils cèdent volontiers à la pitié que leur inspire le spectacle du malheur. Souvent cette pitié ne se fait pas sentir assez pour produire de grands efforts, et sur-tout des efforts continus. La paresse est une des forces qui agissent le plus puissamment sur les êtres qui sentent. Il faut des cris pour réveiller la sensibilité de la plupart, assez pour les mettre en mouvement. Des malheurs légers ne les tirent pas de leur léthargie, et même, comme l'impression en est fort affaiblie, elle les fait jouir quelquefois d'un genre d'émotion qui n'est pas sans douceur, quoique du genre triste, et qui, par cela même, est fort loin de les porter à l'action. Cette combinaison de la paresse et de la sensibilité naturelle, produit des dispositions dont il faut souvent séparer les élémens pour les bien observer. C'est, par exemple, à ce mélange qu'on doit ce qu'on appelle indulgence, qualité charmante dont le propre est d'accorder facilement aux autres, sans trop calculer ce qu'on leur doit. Elle constitue le caractère le plus fait pour réussir dans la société; et, dans l'usage ordinaire de la vie, elle est aussi avantageuse à celui qui la possède, qu'à la plupart de ceux qui en sont l'objet. Mais, dans beaucoup de circonstances, cette heureuse qualité dégénère en faiblesse, souvent en injustice; moins par ce qui appartient en elle à la sensibilité, que parce qu'elle tient de la paresse.

Il est donc nécessaire que les lumières et la raison en règlent l'exercice. Souvent on croit être indulgent, lorsque l'on n'est que paresseux d'examiner. On cède alors aux impressions que l'on reçoit des personnes dont on est environné. Cet abandon donne moins de peine qu'on n'en éprouverait à bien examiner si la compassion envers ceux qu'on voit n'est pas une injustice envers ceux qu'on ne voit pas.

La vraie sensibilité, lorsqu'elle est seule, donne le desir d'être juste. C'est la raison, c'est l'instruction, qui fournissent les moyens de l'être toujours. La pitié naturelle a une action beaucoup plus étendue et plus constante pour les gens instruits que pour les autres, parce qu'ils en connaissent un bien plus grand nombre d'applications. Le vulgaire ne sera touché que par des cris de douleur, de grands bouleversemens de fortune; et sa commisération, grossière comme lui, n'aura pour objet que des malheurs du premier genre, et ceux-là sont plus rares que les autres. L'homme instruit trouvera mille occasions d'obliger ses semblables dans des choses qui les intéressent fortement, quoiqu'elles soient moins frappantes. Les seuls ménagemens qu'on doit à la vanité d'autrui, en fournissent de journalières. Malheureusement, parmi les gens instruits, il en est beaucoup dont la vanité est plus exercée que la sensibilité, qui font trafic de gloire, et cherchent toujours, n'importe par quels moyens, à le faire à leur plus grand profit. Dans ceux-là on trouvera la bonté naturelle fort oblitérée. Ils rentrent dans la classe des gens passionnés, et cette passion habituelle est d'autant plus funeste, que son objet est de blesser la vanité d'autrui, loin de la ménager. Constamment intéressés à déprimer ce qui n'est pas eux, ils sont d'autant plus pervers, qu'ils sont vraiment dénaturés; les lumières acquises, loin de fortifier en eux la bonté, naturelle aux hommes, semblent la leur avoir fait perdre de vue. Ils ont changé en poisons les plantes salutaires qu'ils avaient reçues de la nature et de l'éducation. Parmi les gens instruits, il est encore quelques hypocrites qui se décorent du beau nom de cosmopolites; mais qui ne professent une bonté bien générale que pour être dispensés d'en montrer dans les occasions particulières. Ces hommes sont peut-être les plus éloignés de la nature, parce que l'hypocrisie est la disposition la plus étrangère à la vertu; et d'ailleurs ils ont communément une vanité assez complette pour ne laisser aucune place à la bonté. Ceux qui sont vraiment doués d'une bienveillance générale, et il en existe un petit nombre, en parlent beaucoup moins; mais ils ne manquent jamais aux occasions particulières, et souvent même ils vont les chercher.

Si je voulais, Madame, vous entretenir dans quelque détail des principaux effets et des modifications de la bonté naturelle aux hommes, je pourrais faire un volume, et ce n'est qu'une lettre que je vous écris. Il nous suffit qu'il soit à-peu-près démontré que c'est une qualité qu'il est impossible de méconnaître, et qu'elle donne à l'homme, sur tous les autres animaux, des avantages infinis, et plus grands peut-être que la supériorité de son intelligence. Je sais que des moralistes atrabilaires soutiendront toujours qu'en rigueur notre intérêt est la dernière fin de nos déterminations, et que nous ne pouvons agir que pour nous-mêmes.

Cela est vrai; mais il l'est aussi que toutes les fois que des passions ne dérèglent pas l'exercice de nos facultés naturelles, notre intérêt est excité par celui d'autrui; que nous partageons les sentimens de nos semblables, que nous aimons à les soulager s'ils souffrent, enfin que la communication des affections qu'ils éprouvent est aussi certaine et plus rapide que celle de leurs idées, et que cet échange continuel est le vrai fondement de la société. Il est encore vrai que l'habitude augmente l'intensité de ce sentiment, au point que le bonheur des personnes que nous aimons, surtout depuis long-tems, nous devient beaucoup plus nécessaire que nos propres plaisirs. Deux personnes accoutumées à l'exercice mutuel de ce genre d'affection, finissent par ne former, en raison de leurs dispositions intimes, qu'un tout dont les deux parties ne se distinguent que par les sacrifices que chacune aime à faire à l'autre.

Voilà, Madame, ce qui me paraît être le dernier degré de perfection, et peut-être de bonheur, auquel puisse prétendre l'homme naturel. Commisération envers tous ses semblables, sentiment plus intime à l'égard d'un petit nombre; et ce sentiment devient la source du plus grand bonheur, s'il parvient à confondre les intérêts, et à étendre par-là la sphère de l'activité. C'est ce qu'on doit surtout attendre de l'union conjugale bien assortie, de celle des familles, qui en est la suite presque nécessaire. Mais il ne faut l'espérer qu'autant que les mœurs se conservent simples et pures, et que l'ame est dégagée des passions tumultueuses qui mettent tout hors de règle. Lorsqu'on manque de ces heureux liens, la tendre amitié peut les remplacer encore. On a vu souvent deux amis sacrifier chacun son intérêt à celui d'un autre, et la représentation de ces efforts généreux atteste encore que tous les cœurs en admettent la vraisemblance.

Je me hâte de finir. Je ne vous ai parlé que des avantages que l'homme doit à ses dispositions naturelles, et aux moyens de bonheur qu'elles lui procurent.

L'homme, mis en société avec Dieu même, par le ministère de la religion, est d'un autre ordre, et peut donner lieu à de sublimes spéculations qui ne sont point de mon sujet, et sont fort au-dessus de mes forces.

J'ai rempli, tant bien que mal, la tâche que vous m'aviez imposée. Je dois vous avoir convaincue par-là de la déférence et du respect, etc.

LETTRES POSTHUMES

SUR L'HOMME,

IMPRIMÉES POUR LA PREMIERE FOIS,

ET FAISANT SUITE AUX PRÉCÉDENTES LETTRES DE L'AUTEUR.

LETTRE II

A MADAME ***.

N'EN doutons point, Madame, c'est le germe précieux de la compassion qui donne à l'espèce humaine l'avantage le plus marqué sur toutes les autres espèces d'animaux ; c'est lui qui est le vrai fondement de la sociabilité, et par conséquent des progrès et des vertus qui placent l'espèce humaine si loin des autres. Si nous ne considérons que l'intelligence, nous trouverons, à la vérité, plus de développement dans la nôtre; mais nous serons forcés de reconnaître, dans toutes, les mêmes élémens : sans cette qualité vraiment distincte, *la compassion*, il n'y aurait de différence que du plus au moins, et sur cette différence, il y aurait de grandes objections à faire. Celle qu'on répète sans cesse pour établir l'infériorité des bêtes, l'uniformité des actions constamment observées dans les espèces, retombe à-plomb sur l'homme, pour peu qu'on veuille y apporter un examen un peu sévère.

Il me semble, Madame, qu'on attribue

toujours à la généralité des homme des progrès qui n'appartiennent qu'à un nombre d'individus bien petit, relativement à la totalité de l'espèce. Depuis la création jusqu'à nos jours, c'est-à-dire, dans toute la durée connue de la race humaine, le nombre des gens instruits a toujours été si borné, la généralité des hommes a toujours été tellement assujétie à des préjugés, et des préjugés uniformes, qu'on est tenté de croire que les progrès n'ont été qu'individuels. C'est ainsi que parmi les renards, quoique ceux qui sont instruits soient en général plus industrieux que les autres, il s'en trouve pourtant quelques-uns d'une sagacité supérieure, lesquels, en fait d'inventions et de ruses, laissent bien loin derrière eux les plus spirituels de leurs compagnons. Chez les peuples les plus policés, sur mille hommes, à peine y en a-t-il un vraiment instruit ; la classe nombreuse des paysans n'a pas de connaissances qui s'étendent au-delà de la culture des terres : la plupart même n'en n'ont que de très-bornées. Chez eux c'est moins une connaissance réelle qu'une routine ; de sorte que, même à cet égard, on pourrait regarder comme mécaniques les mouvemens qu'on leur voit exécuter. Presque tous les artisans sont dans le même cas. Si par degrés insensibles les arts se sont trouvés perfectionnés par quelques hommes de génie, qui ont ajouté successivement à ce qu'ils avaient reçu de leurs devanciers, la généralité de ceux qui les exercent ressemble beaucoup plus à des automates qu'à des êtres intelligens. Tous les journaliers, tous les sauvages, en un mot tous les êtres humains qui sont forcés d'employer la plus grande partie de leur tems à la recherche de ce qui est nécessaire aux besoins de la vie, ou ne pensent point, ou n'ont que le petit nombre d'idées relatif à la satisfaction de ces besoins.

Les peuples chasseurs, les Ictyophages, sont tous dans ce cas, de sorte que l'exercice de l'intelligence paraît infiniment rare dans l'espèce humaine prise en général. Cela est d'autant plus vrai, que les principales actions qui remplissent la vie des hommes de ces différentes classes, n'ont plus besoin d'être aidées de la pensée, dès qu'elles sont devenues habituelles. S'il est vrai, comme l'a prouvé M. l'abbé de Condillac, que la réflexion a nécessairement présidé à la naissance de ces habitudes, qui, sans elle, n'auraient pas pu se former;

Il ne l'est pas moins que l'habitude étant une fois établie, les actions prennent un caractère de spontanéité et d'instinct qui rend inutile un nouvel exercice de la réflexion. Parmi ceux mêmes qu'on appelle philosophes, il en est un assez grand nombre qui, dans des systêmes qui paraissent suivis, n'ont pourtant point de pensée réelle. Nous avons vu long-tems ce qu'on nommait philosophie, n'être qu'un assemblage de mots inintelligibles ou qui n'étaient pas entendus. Il n'est pas rare encore dans les disputes, même entre gens qui devraient faire usage de leur raison, de voir mettre, à la place d'idées vraiment réfléchies, des suites de mots qu'on a pris l'habitude de ranger dans un certain ordre, et qui ressemblent plus à un mécanisme un peu compliqué, qu'à un exercice régulier de l'intelligence.

En vous exposant ces vérités, je suis bien loin, Madame, de vouloir déprimer la nature humaine. J'aime à reconnaître ses avantages, et sur-tout sa glorieuse destination; mais ses avantages réels sont trop considérables, pour lui en chercher d'exagérés. Je n'examine d'ailleurs que l'homme abandonné à ses facultés naturelles. L'homme en société avec Dieu par le ministère de la religion est d'un autre ordre; il peut donner matière aux plus sublimes spéculations, mais qui ne sont point de mon sujet.

Tous les animaux sont forcés d'obéir aux dispositions qui résultent de leur constitution propre, et aux différens rapports que leur nature et leur position leur donnent avec tous les êtres qui les environnent. Ces rapports varient en raison de la manière de vivre, de l'espèce de nourriture qui leur est appropriée, des besoins résultans du climat, etc. Or, de la constitution propre de l'homme, dérivent un grand nombre de dispositions qui doivent jeter de la variéte dans ses actions. La plupart des espèces d'animaux apètent particulièrement un genre de nourriture; l'homme s'accommode d'un grand nombre de substances, il desire même de la variété, et comme son espèce est répandue par-tout et n'affecte point certaines températures particulières, elle doit avoir un nombre beaucoup plus grand de rapports avec les êtres qui l'environnent, et par conséquent une bien plus grande diversité d'actions.

Il n'est pas étonnant que cette diversité ait porté beaucoup de bons esprits à regarder l'homme comme une espèce à part, ne tenant à l'animalité que par une ressemblance d'organisation, mais séparée des autres par un principe actif inhérent à sa nature. C'est d'après cela qu'on a refusé toute intelligence aux animaux, et qu'on s'est jeté dans les idées d'un mécanisme incompréhensible, contre lequel tous les faits déposent. On n'a point examiné toutes les causes extérieures qui arrêtent dans son cours la perfectibilité des autres animaux, leurs besoins bornés qui ne donnent pas naissance à l'intérêt d'acquérir des idées, et par conséquent à l'exercice habituel de la réflexion, le défaut de société, de loisir, d'ennui, de liberté, de moyens d'enregistrer leurs idées. On n'a pas vu que toutes ces conditions, qui ne sont pourtant qu'accessoires à l'intelligence, sont nécessaires pour servir le pouvoir de se perfectionner, qui appartient nécessairement à tous les êtres qui sentent.

On a comparé la suite infiniment variée des actions de l'homme civilisé depuis longtems à l'aide de toutes ces conditions, avec l'uniformité qui parait restraindre les actions des bêtes à un petit nombre. On n'a point apperçu que tout dépend ici de la quantité des données, et que pour combiner trois nombres ensemble, il ſaut une intelligence de même nature que pour en combiner mille.

On n'a point examiné si cettte grande variété qui parait distinguer les inclinations, les habitudes, les actions des hommes, n'a pas cependant un caractère d'uniformité qu'on n'apperçoit pas d'abord, et qu'on devrait cependant soupçonner, parce que l'homme, ainsi que tous les êtres qui sentent, est forcé d'obéir à sa nature, c'est-à-dire, aux dispositions qui naissent de ses besoins, de ses rapports et de ses moyens.

Pour en juger, il ne ſaut pas comparer des peuples instruits et policés avec des sauvages et des peuples sans culture; il faut au contraire comparer ensemble des peuples de différens pays, à-peu-près au même degré de culture et de police : c'est le seul moyen de distinguer ce que l'homme tient immédiatement de la nature, d'avec ce que l'exercice de son intelligence et de sa réflexion lui a fait successivement acquérir dans les différens âges de sa durée. Alors, si l'on remarque une uniformité constante, ou du moins des traits frappans de ressemblance entre différens peuples, qui ne peuvent pas s'être communiqués, quant à l'invention et aux progrès des arts, aux idées religieuses, etc., on sera en droit d'en conclure que l'espèce entière obéit à une disposition uniforme qui, dans les mêmes circonstances données, produit toujours à-peu-près les mêmes effets. Or, c'est ce dont on est vivement frappé en lisant les voyageurs. Quant aux arts, il est clair qu'ils ont ſait des progrès dans le même ordre chez les peuples grossiers de tous les pays. D'abord, des branches d'arbres détachées en ſorme de massues, des javelots et des flèches, armées de pierres aigues, ces mêmes pierres amincies pour servir à tailler les instrumens dont on pouvait avoir besoin, des arcs taillés de cette manière, et des nerſs d'animaux pour leur servir de cordes. Des troncs d'arbres creusés pour se mettre à l'abri des injures de l'air, les peaux de bêtes, sans préparation, servant de vêtemens, des cris inarticulés, un langage par signes que le besoin souvent répété de se faire entendre a élevé, après mille essais, et au bout d'un tems très-long, à un petit nombre de mots exprimant quelques objets sensibles de première nécessité.

Voilà les premiers arts, communs aux

anciens peuples de la Grèce, sur l'enfance desquels nous avons quelques notions, et aux sauvages de l'Amérique qui vivaient de chasses, comme ont fait la plupart des premiers peuples.

Vous retrouverez les mêmes inventions, dans les mêmes circonstances données, et les usages des Eskimaux sont, aux vêtemens près, les mêmes que ceux de l'Amérique méridionale.

Les peuples qui ont habité les bords de la mer, se nourrissant de poissons, se sont élevés plus promptement à une industrie plus réfléchie, à cause de la nature de leurs besoins et de leur vie plus sédentaire, qui laissait un exercice plus libre à leur intelligence; la nécessité leur fit bientôt inventer des filets, creuser des arbres en canots, apprendre à les conduire. Les exemples de cette navigation grossière existent encore chez tous les peuples sauvages, à qui leur position a fait adopter cette manière de vivre.

Il n'y a pas non plus des différences bien marquées entre les premières institutions politiques. Des hordes se sont réunies sous un chef plus vigoureux, ou plus hardi que les autres ; la nécessité de concourir ensemble à un but, pour subvenir plus facilement aux besoins, a établi celle de l'obéissance à un chef qui désignât ce but, et réunit sur un point la volonté générale. Le gouvernement royal est donc le plus ancien, et le plus universellement répandu. L'association républicaine est le fruit des inconvéniens qu'on avait précédemment sentis sous le gouvernement d'un seul, et le produit des violences de la tyrannie. Tous les Grecs qui allèrent au siège de Troye, obéissaient à des rois ; ces peuples ne se formèrent en républiques que long-tems après. La royauté est encore le gouvernement le plus ordinaire parmi les sauvages ; malgré leur goût pour l'indépendance, presque tous se réunissent par hordes sous un chef qui dirige les opérations communes, et rend la justice aux particuliers, s'ils sont lézés par leurs associés. Cette pente naturelle à obéir à des rois, est si forte parmi les hommes que le peuple de Dieu, lui-même, immédiatement gouverné par le maître de l'univers, demanda un roi visible à grands cris, et voulut l'avoir malgré les représentations énergiques que lui fit Samuel sur tous les inconvéniens qu'il aurait à subir le joug de la royauté; les peuples pasteurs, qui, par la nature de leurs richesses, doivent être plus portés à vivre séparés, se rassemblent pourtant sous un chef, du moins dans toutes les occasions où la réunion peut être utile.

On remarque aussi les mêmes mœurs, chez les peuples des pays les plus éloignés, qui se livrent à ce genre de vie.

Les Tartares et les Hottentots, ainsi que les anciens Scytes, campent par hordes, changeant de demeure lorsque le pâturage manque, ou que quelque autre raison leur fait haïr leur habitation, comme la mort naturelle ou violente de quelqu'un des leurs. Toutes ces hordes séparées se réunissent pour l'intérêt commun, et elles marchent à la guerre sous un chef qui commande à toutes.

La morale humaine n'étant que le résultat des rapports nécessaires entre des êtres sentans qui vivent ensemble, il n'est pas étonnant qu'elle soit par-tout uniforme. Il est essentiel à tout genre d'association, que chacun ait la propriété de ce qu'il s'est procuré par son travail, que le vol, la violation des engagemens, etc., soient réprimés par la volonté et par la force commune. Mais on est étonné de retrouver dans des lieux fort éloignés les uns des autres des institutions civiles qui paraissent arbitraires. Je ne parle pas de la puissance paternelle établie chez un grand nombre de peuples. Elle paraît conforme à la nature, et si elle n'est pas universelle, c'est peut-être qu'en l'abolissant dans quelques endroits, on a été plus frappé de quelques-uns de ses inconvéniens que du grand nombre de ses avantages, et sûrement c'est un ordre de choses subréquent aux premières institutions. Mais il peut paraître extraordinaire que beaucoup d'hommes de différens pays se soient accordés à frustrer de leur héritage une partie de leurs enfans, et à établir des lois exclusives en faveur des ainés. Chez les Hottentots, tous les biens d'un père descendent à l'ainé des fils, ou passent dans la même famille au plus proche des mâles. Jamais ils ne sont divisés, jamais les femmes ne sont appelées à la succession. Un père, qui veut pourvoir à la condition de ses cadets, doit penser pendant sa vie à leur faire un établissement, sans quoi il laisse leur fortune, et même leur liberté, à la disposition du frère aîné : dans l'île d'Amboine, à la mort d'un père, le fils aîné est le maître de tout ce qu'il possédait. Il ne donne à sa mère et à ses frères, que ce qu'il croit nécessaire à leur subsistance.

Qui ne croirait lire, à-peu-près les dispositions des lois féodales, et de plusieurs de nos coutumes ?

Quant aux mariages, il est certain qu'il y a eu d'assez grandes différences entre les idées des différens peuples, puisque la poligamie est en usage chez quelques-uns, et que chez un grand nombre d'autres la stabilité des mariages est établie et même sacrée : mais il n'est pas nécessaire, pour que les hommes se ressemblent, que tous les genres de dépravation appartiennent universellement à tous ; il n'est pas nécessaire que tous les sauvages épousent leurs sœurs, comme font encore les Guèbres, et comme ont fait nécessairement les premiers hommes. Il suffit de remarquer que chez le plus grand nombre, chez des peuples qui ne se sont pas communiqués, on observe dans les mariages des conditions et des restrictions qui font loi parmi nos peuples modernes.

Les Iroquois et les Hurons sont très-scrupuleux sur les degrés de parenté; l'adoption même y est comprise.

Dans la plupart des hordes de sauvages, non-seulement les mariages sont stables, mais l'idée des convenances entre les états est établie; les mésalliances sont rares, et les femmes sont généralement sages; à la vérité le libertinage est commun parmi les filles, parce qu'elles ont le pouvoir de disposer de leur personne. Cette idée, qui n'est pas hors de raison, est, dit-on, dominante aussi en Hollande. Mais tous ces peuples, et presque tous ceux de la terre, s'accordent à tenir les femmes dans la plus grande dépendance. Plusieurs même, après avoir fait toutes sortes d'avances pour les acquérir, les traitent ensuite avec le plus grand mépris. Ce n'est que chez les peuples très-policés et très-instruits, qu'on trouve établi l'usage des bienséances et des égards qui sont dus aux femmes; l'instinct donne tout à la force, le pouvoir de la faiblesse et des graces ne se fait sentir qu'à ceux qui, tranquilles sur la satisfaction des besoins grossiers de la vie, ont le tems d'être tourmentés par le besoin d'un bonheur plus délicat; en un mot, le respect pour les femmes paraît être le dernier terme et le complément de la civilisation.

Parmi les institutions civiles, il en est d'assez bizares pour qu'on doive être étonné de les trouver communes à des hommes de pays et de siècles éloignés; et l'on est forcé de convenir qu'il faut que de telles imaginations soient inhérentes à la nature de l'homme. Tout le monde connaît les moyens dont usaient nos grossiers ancêtres pour s'assurer des crimes et reconnaître les coupables. On sait que les épreuves absurdes du fer chaud, de l'eau bouillante, etc., qu'on appelait le jugement de Dieu, faisaient le fonds de la jurisprudence de ces tems barbares. On retrouve les mêmes usages dans le royaume de Congo; les nègres de ce pays ont une épreuve solemnelle qu'ils appellent *Motemba*, et qui leur sert à vider les procès et à juger les accusations : on met au feu une hache que le prêtre en retire brûlante, et qu'il approche de la peau de l'accusé; si l'accusation tombe sur deux personnes, il met la hache entre les jambes de l'un et de l'autre, sans les toucher, l'ardeur du feu ne laisse-t-elle aucune impression? c'est une preuve d'innocence : au contraire, une trace de brûlure prouve la réalité du crime (1).

Ils ont d'autres épreuves du même genre, comme celles de retirer une petite pierre d'un pot d'eau bouillante, de boire d'une eau préparée que le prêtre peut empoisonner ou non à son gré, en un mot, toutes celles dont nous avons vu notre Europe faire la règle de ses jugemens, quoique déjà elle dût être éclairée par une religion pure, qui proscrit toutes ces superstitions.

Mais de toutes les idées qui affectent généralement les hommes, celles dans lesquelles on remarque le plus de ressemblance, celles qui portent le plus constamment l'empreinte d'une nature uniforme, ce sont les idées religieuses. Il peut être utile de considérer, dans quelque détail, ces égaremens de l'intelligence humaine abandonnée à elle-même. On en sentira mieux combien la révélation était nécessaire pour donner aux hommes des idées raisonnables de la divinité, et du culte qui lui est dû.

L'homme est un animal adorateur; pressé

(1) Histoire générale des Voyages, tom. V, p. 9.

de tous côtés par le sentiment de la dépendance où il est de tout ce qui l'environne, il est forcé de reconnaître à chaque instant les bornes de son pouvoir, et de s'avouer à lui-même que son bonheur ou malheur sont assujétis à une foule de causes étrangères à lui. Ces causes lui sont inconnues, mais leur influence vivement ressentie porte naturellement l'homme grossier à une vénération machinale et indéterminée; le sabéisme, le culte des astres, de l'armée céleste, aurait dû, ce me semble, être adopté le premier par les hommes abandonnés à leurs propres lumières. Ce n'est pas, à beaucoup près, de ce côté-là que se sont dirigés les idées religieuses dans l'enfance de l'humanité; il est vraisemblable que ce culte n'a été établi que postérieurement chez des peuples déjà policés. Nous ne savons rien du premier Zoroastre, qui passe pour en être, en Perse, le premier instituteur, et les fragmens qui nous restent du second, supposent qu'il parlait à un peuple déjà sorti de la barbarie. On a retrouvé le culte des astres chez les Mexicains, lorsque les Espagnols en firent la conquête; mais ce peuple était déjà policé, et même fort avancé dans la science des loix, du gouvernement et de certains arts. Encore joignait-il à l'adoration des astres un grand nombre de superstitions : ils adoraient, dit Gomara, le soleil, le feu, l'eau et la terre, pour le bien qu'ils en recevaient ; le tonnerre, les éclairs et les météores, parce qu'ils les redoutaient ; quelques animaux, à cause de leur douceur ; d'autres, à cause de leur fierté. Ils adoraient des sauterelles et des grillons, afin que leurs moissons n'en fussent pas mangées. On retrouve ici le culte que rendaient aux animaux les Egyptiens, qui étaient aussi un peuple chez lequel les arts et la police avaient fait des progrès. Les Mexicains adoraient encore deux divinités principales, Vitziliputzli, le dieu de la guerre, et Tescaliputza, le dieu de la pénitence. Ils joignaient à cela plusieurs idées superstitieuses qui ont été communes à la plus grande partie des peuples de la terre, et des sacrifices humains mettaient le comble à ces horreurs.

L'adoration du soleil était établie au Pérou ; mais pure, et telle que la professaient les mages de l'ancienne Perse. Il est à remarquer que cette religion, lorsqu'elle était sans mélanges, était infiniment douce. Les vrais adorateurs du soleil avaient en horreur les sacrifices humains. Leurs pratiques les plus familières étaient celles que la vraie religion a sanctifiées depuis, la conservation des personnes des deux sexes, les vœux de chasteté, etc.

Mais de tous les cultes anciens, celui qui est encore établi chez les nègres et les sauvages de l'Amérique, paraît appartenir plus spécialement à l'enfance de tous les peuples : on le nomme culte des dieux fétiches. Il a pour objet quelquefois des animaux, quelquefois les êtres inanimés les plus bizares; c'est à cause de cette bizarerie qu'on doit être surpris que les hommes de tous les pays se soient rencontrés dans les mêmes imaginations. Ces objets d'adoration sont ou publics, ou particuliers. Le serpent rayé est la divinité nationale des peuples de Juidah; la vénération qu'on avait pour lui en Ethiopie, remonte à la plus haute antiquité.

Plusieurs peuples américains ont pour dieux des crocodiles, comme les Egyptiens, ou d'autres poissons de mer, comme les Philistins.

Dans la presqu'île d'Yucatan, les enfans sont mis sous la protection d'un animal choisi au hazard, et qui devient la divinité tutélaire de sa personne. D'un autre côté, les Samoïdes et les Lapons rendent un culte de latrie à plusieurs espèces d'animaux. Ils en rendent aussi à des pierres qu'ils graissent, comme on adorait autrefois en Syrie les pierres appelées *Boëtiles*, et comme en Amérique on adore encore des pierres coniques. Chez les Natchez de la Louisiane, on conserve ces pierres coniques dans des peaux de chevreuil, comme les anciens enveloppaient certains boëtiles dans des toisons. Les anciens Arabes avaient pour divinité une pierre quarrée; et le dieu *Casius* des Romains, que Cicéron nomme Jupiter-Pierre, était une pierre ronde coupée par la moitié.

Jacob lui-même érigea et graissa une pierre au lieu qu'il appela Bethel, où Dieu s'était manifesté à lui par un songe. Mais dans la suite Dieu proscrivit tous ces cultes, lorsqu'il donna la loi à son peuple. *Vous n'érigerez point*, dit-il dans le Lévétique, *de pierre remarquable pour l'adorer;* et ailleurs, *vous n'aurez aucune image de bête, soit oiseau, soit quadrupède ou poisson.* Malgré ces défenses, l'inclination des Hébreux pour ces cultes absurdes était telle, qu'ils y revenaient toujours, et que par ses retours ils excitèrent vingt fois, d'une manière terrible, la colère de leur divin législateur. Ils avaient aussi, comme la plupart des autres peuples, une grande vénération pour les montagnes, *les hauts lieux*, et les bois.

Les anciens Germains avaient pour divinités des arbres touffus, des fontaines, des lacs, dans lesquels, selon Grégoire de Tours, ils jetaient souvent des choses utiles ou précieuses, en forme d'offrande. Ils adoraient encore, suivant Lucain, ainsi que le font aujourd'hui les Lapons, des troncs informes qu'ils regardaient comme la représentation de la divinité.

Grégoire de Tours, dit que les Francs adoraient aussi les bois, les eaux, les oiseaux et les bêtes. Ces premières formes de cultes, établies chez les Egyptiens, chez les Hébreux, chez les Germains, on les retrouve chez les anciens peuples de la Grèce, et l'on ne peut être que frappé de la conformité. Il est fort incertain qu'avant Cadmus, les Grecs eussent même la moindre idée de divinité. Des pierres *boëtiles*, des troncs informes, des cippes grossiers, furent ensuite leurs premiers dieux.

Hérodote dit qu'ils n'avaient pas même de nom; et quand dans la suite on leur en eut donné, ils conservèrent encore long-tems leur forme originelle. La Vénus de Paphos était une pyramide blanche; la Diane de l'île d'Eubée, un morceau de bois non travaillé; la Junon Thespienne, un tronc d'arbre; la Pallas d'Athènes et la Cérès, un simple pieu qui n'était pas dégarni; la Matuta des Phrygiens, était une pierre noire à angles irréguliers; on la disait tombée du ciel, à Persinunte, et dans la suite, elle fut apportée à Rome avec beaucoup de respect.

Les hommes ont eu, outre ces absurdes divinités qu'on peut appeler nationales, divers objets particuliers de culte, desquels ils attendaient une protection individuelle et spéciale. Tels furent les Marmouzets de Laban, que sa fille, l'épouse de Jacob, lui avait volés à cause de la confiance qu'elle avait en eux. Tels furent, dans des tems postérieurs, les dieux Pénates chez les Romains, etc. C'est ainsi que, dans le royaume d'Issini, l'un choisit pour son fétiche une pièce de bois, l'autre des dents d'un chien, d'un tigre, d'un éléphant; celui-ci la tête d'une poule, un bœuf, une chèvre, etc.

Mais tous s'accordent dans le respect qu'ils ont pour le fétiche qu'ils ont choisi. Ils observent religieusement tout ce qu'ils ont promis en son nom et en son honneur ; ils s'abstiennent, les uns de vin, d'autres d'eau-de-vie, de certaines espèces de poissons, de maïs, etc., et tous remplissent exactement la loi qu'ils se sont imposée, et perdraient plutôt la vie que de violer leur engagement.

Il faut convenir que les sauvages les plus grossiers, tels que nous les connaissons aujourd'hui, ne regardent pas toujours leurs fétiches comme de premières divinités. Il en est quelques-uns qui semblent reconnaître un être créateur de tout, et même des fétiches. Mais du moins ils regardent ceux-ci comme des dieux secondaires, chargés de leur procurer tout ce qui est nécessaire à leurs besoins. Ce sont eux qu'ils invoquent ; c'est à eux seuls qu'ils adressent leurs hommages, et vu la grossièreté de leurs idées, il est impossible de concevoir comment ils pourraient en avoir une de l'Être Suprême qui eût quelque apparence de raison. Ils n'ont pas non plus des notions fort exactes sur l'article de leurs fétiches. Les plus vieux sont fort embarrassés lorsqu'on les interroge là-dessus. Ils disent seulement qu'ils ont appris, par une ancienne tradition, qu'ils sont redevables aux fétiches de tous les biens de la vie, et que ces êtres, aussi redoutables que bienfaisans, ont aussi le pouvoir de leur causer beaucoup de maux.

Vous voyez, Madame, que le premier culte de tous les peuples abandonnés à l'absurdité naturelle de leurs propres idées, a eu pour objet, ou différentes substances brutes, ou bien certains animaux nuisibles ou utiles, et que de l'Orient à l'Occident, du Nord au Midi, on observe non-seulement les mêmes objets d'adoration, mais à-peu-près la même manière de les honorer, et une pratique constante des mêmes maximes superstitieuses. Nous avons reconnu que l'adoration des astres, qui paraît plus relevée et moins déraisonnable, n'appartient qu'à un petit nombre de peuples dont on ne connaît point la véritable enfance, et qui étaient déjà policés quand on les a connus. Presque tous les hommes, après être sortis de la barbarie originelle, se sont accordés à diviniser leurs bienfaiteurs, ceux qui avaient contribué à donner un commencement de forme à la société, qui avaient établi quelques lois, et sur-tout enseigné quelques arts utiles : tels furent Saturne, Osiris, Isis, Bacchus, Mercure, Hercule, Cérès, etc. Peut-être la vénération qu'on eut pour eux ne fut-elle d'abord que raisonnable, mais elle dégénéra dans la suite en une adoration qui fut bien servie par la disposition machinale qu'ont tous les hommes à supposer des divinités locales qui se chargent de protéger certains lieux, certains peuples, et jusqu'à certains hommes. Alors le Polythéisme s'étendit d'une manière aussi favorable à l'imagination des poëtes, que conforme à la crédulité des peuples. Les mers furent peuplées de Tritons, de Néréïdes, de divinités de différens ordres. Les campagnes le furent de nymphes, de Faunes, de Driades ; et les bois, d'Hamadriades. Chaque ruisseau, chaque fontaine, eut sa divinité ; la superstition naturelle aux hommes eut de quoi s'exercer sur tant d'objets de culte. Tous s'accordèrent à penser que ces dieux exigeaient des honneurs, qu'ils s'irritaient aisément, mais qu'ils s'appaisaient par des sacrifices sanglans. La barbarie fut poussée presque par-tout, jusqu'à leur immoler des victimes humaines. Il est fort peu de nations qui n'aient été obligées d'apprendre à n'être plus barbares. Les dispositions naturelles des hommes les ont portés à croire, tant qu'ils n'ont pas été éclairés, que ces sacrifices atroces pouvaient seuls appaiser la divinité lorsqu'elle était fort irritée. « Quand » on voit (dit M. le président de Brosses, qui » m'a fourni une partie des faits que j'ai cités), » dans des siècles et dans des climats éloignés, » des hommes, qui n'ont rien entre eux de » commun que leur ignorance et leur barba- » rie, avoir des pratiques semblables, il est » naturel d'en conclure que l'homme est ainsi » fait; que laissé dans son état naturel, brut » et sauvage, non encore formé par aucune » idée réfléchie, ou par aucune invitation, » il est le même pour les façons de faire en » Egypte comme aux Antilles, en Perse » comme dans les Gaules, par-tout c'est la » même mécanique d'idées, d'où s'en suit » celle des actions ».

Cette lettre est déjà bien longue, Madame, je vous entretiendrai dans une autre de faits à-peu-près pareils à ceux-ci, ou qui les avoisinent et en dépendent. J'abrégerai pourtant beaucoup ; le spectacle de cette uniformité générale me paraît fatigant à la longue, et vous ennuyer, à un certain point, ce serait mal vous marquer la déférence et le respect, etc.

LETTRE III

A MADAME ***

Il paraît, Madame, que la crainte, pour ne pas dire la frayeur, a donné naissance aux premiers sentimens religieux dont nous ayons connaissance. Tous les anciens peuples ont regardé leurs divinités comme malfaisantes. L'idée du Diable, c'est-à-dire, d'un être puissant et méchant, tient encore la plus grande place dans la tête des nègres. D'un autre côté, les Tartares, peuples de Sibérie, qui n'ont pas de culte réglé ni de croyance assurée, sont pourtant frappés d'un sentiment religieux de crainte. Ils se tournent le matin vers le soleil levant, et lui adressent cette prière courte: *ne me tue pas*. L'idée du pouvoir se joint à celle de la méchanceté dans l'esprit des nègres, relativement à leurs divinités. S'ils demandent à leurs fétiches de la pluie, ou telle autre chose dont ils ont besoin, ils se gardent bien d'en attribuer le refus à leur impuissance. Ils aiment mieux les regarder comme de mauvaise volonté, ou comme irrités contre eux pour quelques prévarications; et alors ils cherchent à se les concilier ou à les appaiser par des sacrifices, mais sur-tout par des abstinences. Tous les tems et tous les lieux fournissent des exemples de cette manière d'appaiser les êtres supérieurs, lorsqu'on les a crus en colère. Les nègres de la Côte-d'Or, lorsqu'ils se sont engagés par ce motif à quelques privations, y sont fidèles jusqu'au scrupule; et ils regardent le vol, le viol, comme des peccadilles que les fétiches pardonnent aisément. Tous les hommes sans instruction s'accordent à attacher aux pratiques du culte, quelque absurde qu'il soit, beaucoup plus d'importance qu'à l'observation des préceptes de la morale.

Un peu plus de réflexion sur les biens comme sur les maux qui nous arrivent, a fait naître l'idée d'un mauvais principe : l'alternative, et une sorte de balance entre les biens et les maux que nous éprouvons, leur a fait supposer une puissance à-peu-près égale, et on les a mis l'un contre l'autre dans un état de guerre où les succès sont partagés. Cette doctrine très-ancienne, ressuscitée au sein même du Christianisme, par Manès, et renouvelée ensuite par les Albigeois, a été l'une des plus généralement répandues parmi les hommes sortis de la première barbarie, et on la voit se mêler presqu'universellement à tous les cultes. On sait combien elle avait fait fortune en Perse. On la retrouve chez les Jokistes, peuples de la Sibérie. Ils supposent deux êtres souverains, l'un cause de tout le bien, l'autre du mal. Chacun de ces êtres a sa famille. Tel ordre de Diables fait du mal aux bestiaux, tel autre aux hommes faits, tel autre aux enfans, etc. Il en est de même de leurs dieux. Les uns ont soin des bestiaux, les autres protègent les hommes, etc. (1).

Quoique les Samoïdes paraissent avoir une idée plus raisonnable de l'Être Suprême, ils admettent cependant un être malfaisant, auquel ils donnent un très-grand pouvoir, et qui, quoique subordonné, lutte souvent avec avantage. La doctrine de l'immortalité de l'ame n'appartient point à la première enfance de l'homme, mais elle paraît accompagner partout les premiers degrés de la civilisation. Il

(1) Histoire des Voyages, tom. XVIII, p. 278.

est même vraisemblable que les législateurs ont employé cette idée salutaire pour donner aux hommes un frein de plus, et à leurs lois une sanction plus forte encore que les punitions temporelles ; mais l'idée de l'immortalité de l'ame a été presque par-tout jointe à celle de la Métempsycose ; cette doctrine si répandue dans l'Inde, comme tout le monde sait, se retrouve chez les Samoïdes, qui sûrement ne l'ont pas reçue des Brames. Elle était aussi répandue et bien établie chez plusieurs sauvages du Canada, à la vérité un peu plus resserrée que celle des Indiens ; ils ne pensaient pas que l'ame de l'homme entrât jamais dans le corps d'une bête. Ils croyaient seulement que l'ame d'un homme, qui avait vécu dans un état heureux, et qui en avait abusé, allait animer le corps d'un esclave destiné à la misère et aux plus rudes travaux. Il est clair que ces idées, malgré leurs modifications différentes, sont jetées dans le même moule.

Tous les premiers peuples, au même degré d'ignorance, ont été portés par la nature à honorer de la même manière ce qu'ils avaient choisi pour objet de leur adoration. Nous avons dit que les divinités locales et particulières, étant regardées comme protectrices plus immédiates, ont toujours paru mériter des vœux plus assidus; que ce culte des dieux locaux, ou, parmi les sauvages, des fétiches qui en tiennent lieu, consiste, d'une manière uniforme, à les orner, à leur faire des présens, à leur consacrer ce qu'on a de plus précieux. A ces formes de culte se joint, chez un nombre de peuples assez grand pour que cela soit remarqué, une coutume qui n'est pas moins absurde, c'est celle de rendre ces prétendues divinités responsables des évènemens, et d'en exiger, sous peine de châtiment, le succès de ce qu'on leur demande.

Le peuple de Chine est vraiment idolâtre, quoique le gouvernement en soit fort éloigné et n'adore que l'Être Suprême. Les idoles qu'on permet au peuple, pour l'amuser par des objets sensibles, sont décorées, invoquées, fêtées; mais si quelques-unes de ces idoles, sommées d'envoyer de la pluie, ou telle autre chose, n'exauce pas les prières qu'on lui adresse, elle est ordinairement fustigée, et même dégradée, si elle récidive. Chez les Ostiacks, peuple voisin de la Sibérie, on orne avec soin les idoles, qui ne sont communément que des bûches arrondies par le bout; on les couvre de soie ou d'autres étoffes, suivant les facultés de chaque famille; on se soumet à différentes abstinences en leur honneur; mais lorsque ces idoles ne paraissent pas prendre assez d'intérêt à la petite fortune de ceux qui se sont mis sous leur protection, ils les dépouillent, les maltraitent, quelquefois même ils les jettent au feu ou dans l'eau, et en fabriquent d'autres. Mais lorsqu'ils prospèrent, il n'est point d'honneurs dont ils ne les comblent, à leur manière. On a vu, de notre tems, le peuple ignorant se livrer aux mêmes pratiques superstitieuses, malgré la religion divine qui les condamne, donner dans son cœur le rang et la fonction d'idoles à des représentations de saints personnages que l'église expose à sa vénération, les invoquer plutôt comme des divinités locales que comme des puissans intercesseurs, et les rendre responsables des évènemens.

Plus certaines opinions, certains usages sont absurdes, plus ils répugnent à la raison perfectionnée, plus on doit croire qu'ils tiennent à la nature de l'homme, qu'ils en sont même une dépendance nécessaire, quand on les voit généralement établies. C'est ce qu'il est impossible de méconnaître dans la confiance universelle qu'ont eu, et qu'ont les hommes, dans les talismans et les amulettes.

On sait qu'il y en avait de publics et de particuliers. Les Troyens avaient leur palladium, les Romains leur bouclier sacré; le nom secret qu'ils donnaient à leur ville, et auquel ils attribuaient une vertu conservatrice. Il serait trop long d'entrer dans le détail des villes qui avaient un talisman bizarre, duquel ils faisaient dépendre leurs destinées.

Les Romains voulaient-ils conquérir un peuple? ils conjuraient le dieu protecteur de leur ennemi, l'invitaient à passer chez eux, et lui promettaient qu'il y serait bien traité. Les talismans particuliers étaient sans nombre, et ils obtiennent encore la plus grande confiance, même chez des peuples éclairés. Il n'est pas étonnant qu'un nègre Jalof ou Mandingo ne redoute point les flèches de ses ennemis, lorsqu'il est couvert de ses gris-gris. Mais on peut être surpris de l'avanture d'un espagnol, homme d'esprit et de talent : il reçut, sans s'émouvoir, un coup de pistolet qu'on lui tira de fort près, et qui paraissait dirigé contre sa poitrine, mais qui ne l'atteignit pas. Comme on lui marquait de la surprise de sa froide tranquillité : je n'avais rien à craindre, dit-il, j'avais mon scapulaire.

Il n'y a non plus rien d'étonnant dans la confiance aveugle que presque tous les hommes ont eue dans la divination, confiance qu'un grand nombre de gens qui devraient être instruits conservent encore. La plupart des hommes toujours inquiets, et souvent mécontens du présent, sont tourmentés du desir de connaître l'avenir ; il est rare qu'ils ne soient pas la dupe des charlatans en ce genre qui veulent les tromper. Mais on peut être surpris de la conformité des illusions qu'ils se sont constamment faites sur les moyens de connaître l'avenir. Tous, par exemple, ont eu le même respect pour les songes, et une pente égale à regarder ces erreurs de l'immagination, pendant le sommeil, comme la voix de la divinité. Ceux qui se sont chargés d'interpréter ces produits d'une digestion laborieuse, ou des fumées du vin, ont obtenu les plus grands égards. Les peuples de l'Amérique appelaient par honneur leurs devins d'un nom qui signifiait, *les voyans*, ainsi que les ont appelés les peuples de l'Orient.

Il n'est pas nécessaire d'entrer dans de grands détails sur les oracles dont on sait que les réponses, toujours équivoques, ont été l'objet d'une confiance universelle. Mais il est toujours utile de comparer entre eux quelques peuples éloignés de tems et de lieu, qui se sont accordés dans les manières les plus bizarres de consulter la divinité. Les sauvages de Thesprotie s'en rapportaient au son que rendait le chaudron de Dodone, frappé par de petites chaînes suspendues, et agitées par le vent. Les Brasiliens ont encore aujourd'hui pour oracle une grosse calebasse dans laquelle on jette de petites pierres. C'est-là qu'ils croient que l'esprit réside, et rend ses réponses, par le bruit que fait cette espèce d'instrument.

Que dirons-nous des rencontres de différens objets présentés par le hazard, et auxquelles beaucoup d'hommes de différens pays se sont accordés à attacher l'idée des présages heureux ou funestes? La rencontre inopinée d'un corps mort, le cri des oiseaux nocturnes, le vol d'un corbeau d'un certain côté, sont les annonces les plus funestes pour les habitans de l'île d'Amboine. Tout le monde sait combien de peuples, même instruits, se sont laissés dominer par les présages tirés du vol des oiseaux. L'art d'interpréter les différens vols avait été réduit à Rome en une science mystique, professée par un collège d'augures *bien payés*. Leurs décisions avaient une grande influence sur les plus importantes affaires, même dans les tems florissans de la république. Il est à remarquer que l'esprit humain ne s'est livré à aucun égarement, quelque absurde qu'il fût, que beaucoup de charlatans ne se crussent intéressés à le faire valoir. Pour y parvenir, ils ont eu soin de favoriser et de recommander l'ignorance, parce que sans elle, il serait difficile de soutenir les revenus établis sur la crédulité. Ce sont eux qui, jadis en Egypte, ont fait regarder comme le plus grand bonheur d'être dévoré par un crocodile; qui, dans l'Inde, consacrent aujourd'hui comme des saints ceux qui ont été écrasés sous le char d'une idole; qui persuade aux princes du Thibet, que les excrémens du grand Lama sont un aliment salutaire et sacré qu'il n'envoie qu'à ceux qu'il veut honorer de la plus grande faveur.

De tout ce que nous avons dit, Madame, je crois qu'on est en droit de conclure que l'ensemble des dispositions et des actions principales de l'espèce humaine se ressemble par-tout; que les peuples les plus séparés par la distance des siècles et des lieux, se réunissent dans les inventions les plus bizarres. Il semble que la raison devrait être le point de réunion commun, ou que du moins elle ne devrait pas tarder à rectifier les jugemens de l'espèce entière. C'est le contraire qui est vrai; l'erreur appartient à l'espèce, et elle se produit, comme nous l'avons vu, sous des formes qui ne sont pas infiniment variées. La raison est et sera toujours le privilège d'un petit nombre d'individus.

Il n'y a que les sciences positives qui aient fait des progrès assez constans, parce qu'un fait nouvellement observé peut toujours être ajouté à un autre, et qu'au moyen de l'écriture il reste enregistré. La géométrie, l'astronomie, la physique expérimentale, sont dans ce cas. Mais la législation, la philosophie morale, la poésie, la sculpture, tous les arts du ressort du génie n'ont pas fait de grands progrès depuis qu'ils sont arrivés à un certain terme. Peut-être même se sont-ils un peu dégradés, en venant des anciens jusqu'à nous. L'homme considéré du côté de son avancement dans les sciences positives est donc véritablement admirable. Un esprit attentif ne peut qu'être émerveillé des connaissances accumulées dans la science de l'astronomie, dans celle de la navigation, etc. Mais lorsqu'en même-tems on voit la plus grande partie de l'espèce obéir à des impulsions purement machinales; lorsqu'on la voit bizarrement crédule, mécaniquement superstitieuse, portée à l'idolâtrie dont elle est à peine défendue par une révélation divine, il est impossible d'y méconnaître une uniformité fondamentale, non pas sans doute aussi resserrée qu'on l'apperçoit dans les autres espèces d'animaux, mais beaucoup moins étendue qu'on ne devrait l'attendre de la multiplicité de ses moyens.

Une preuve que dans l'homme le mécanisme se mêle à la réflexion et souvent l'emporte sur elle, c'est que les dispositions acquises se transmettent par la naissance, comme dans les autres espèces d'animaux.

Les missionnaires rendent témoignage qu'on a pris des enfans sauvages au berceau, qu'on les a fait élever avec beaucoup de soin, qu'on n'a rien épargné pour leur dérober la connaissance des usages de leurs pères, et que toutes ces précautions ont été sans fruit. La force du sang l'a toujours emporté sur l'éducation : à peine se sont-ils vus en liberté, qu'ils ont mis leurs habits en pièces, et qu'ils sont allés au travers des bois chercher leur nation, dont ils ont préféré le genre de vie à celle qu'ils avaient menée parmi nous. Ces dispositions, transmises par la naissance, ont dû rendre, en général, les progrès très-lents. L'histoire nous apprend que le genre humain, après plusieurs siècles de lumière, a plus d'une fois été replongé dans l'ignorance et la barbarie, par la pente invincible qu'ont les hommes en général vers la paresse, et vers les idées matérielles et grossières. Le Physicien de Nuremberg a fort bien remarqué que l'homme une fois en société, jouissant du loisir que l'association procure à un certain nombre d'individus, en partageant et en classant les travaux nécessaires, obéit à deux forces qui agissent sur lui en sens contraires. L'une est le besoin d'être ému, et de l'être toujours de plus en plus. L'autre est la paresse naturelle à tous les êtres sensibles, c'est-à-dire, une aversion machinale pour la fatigue qui résulte de l'action. Il serait sans doute intéressant d'examiner en détail tout ce que l'homme doit à ces deux pouvoirs. On en verrait sortir presque toutes ses passions factices, ses progrès, l'amour et les abus du pouvoir, en un mot, la plupart des avantages et des inconvéniens de l'état social. Mais ce sujet est trop étendu pour qu'on puisse même l'effleurer ici. On peut assurer seulement que dans cet examen, même au milieu des formes qui paraissent au premier coup-d'œil les plus variées, on retrouverait une ressemblance fondamentale.

L'Être Suprême, en créant les êtres sensibles, a su tirer, avec une fécondité merveilleuse d'un seul principe, une foule d'affections et d'actions qui, d'un côté, sont trop multipliées pour ne pas échapper souvent à la sagacité qui les recherche, et d'un autre ont un ensemble d'uniformité qui imprime à chaque espèce un caractère particulier. C'est ainsi qu'il n'est point deux feuilles de chêne qui se ressemblent entièrement. Il est pourtant également vrai qu'il n'est point deux feuilles de chêne qui ne soient semblables entre elles. Cette variété infinie, jointe à tant de simplicité, caractérise tous les ouvrages de l'éternel artisan;

mais elle ne brille dans aucun autant que dans le genre animal, et sur-tout dans l'espèce humaine spécialement destinée à le connaître et à l'adorer.

FIN.

www.ingramcontent.com/pod-product-compliance
Ingram Content Group UK Ltd.
Pitfield, Milton Keynes, MK11 3LW, UK
UKHW020158250726
13967UKWH00003B/1144

9 782012 815988